Ve y dile que lo estamos esperando para matarlo...

El enviado hizo justo lo que le pidieron, pero Villa se rió de él y le dijo: El hombre que pueda matar a Pancho Villa aún no ha nacido. Sin embargo, para ese momento Melitón Lozoya y un grupo de asesinos tenían un plan para liquidarlo. Semana tras semana habían esperado una oportunidad para matarlo, llevaban 103 días haciendo vigilancia y comenzaban a parecer como si fueran 103 años, así que empezaron a preguntarse si podían continuar con eso. Pero el 20 de julio, su eterna vigía rendiría frutos. Eran como las ocho de la mañana cuando Librado Sáenz-Pardo vio el Dodge del general Villa dar vuelta hacia la calle donde él y los otros gatilleros se escondían; súbitamente se puso rígido y agarró bien su rifle. Ahí vienen, gritó ásperamente. ¡Aquí vienen! El carro avanzaba firmemente, Juan López, otro de los cómplices y que se encontraba en la calle, levantó su sombrero con su mano derecha: ésa era la señal de que Villa venía al volante. Román Guerra corrió nerviosamente hacia el cuarto de al lado, diciéndoles al resto de los hombres que se prepararan. Inmediatamente después, Librado, con una impresionante sangre fría, puso su Winchester automático en un orificio, esperó unos segundos, apuntó y jaló el gatillo. Dentro del auto sin control, la mano derecha de Villa agarró la pistola de su funda izquierda. En su último instante de vida levantó su revólver y le plantó un certero tiro en el corazón a Román Guerra. El arma resbaló de su mano muerta y cayó al suelo.

Todo fue muy rápido, cuando abrí los ojos ya estaba muerto. (Dr. Barbahan)

Pueden matarme en el campo de batalla, pueden asesinarme en la montaña o cuando duerma tranquilamente, pero la causa por la que he peleado por 22 años, seguirá viviendo, porque es la causa de la libertad... la causa de la justicia tanto tiempo negada y tanto tiempo esperada por mis sufridos conciudadanos.

Declaraciones hechas por Pancho Villa el 8 de octubre de 1915, en Ciudad Juárez, a *El Paso Morning Times.*

Otis Aultman. Pancho Villa muestra el uniforme militar que usó durante las filmaciones de la segunda película que hizo con la Mutual Film Corporation. Chihuahua, febrero de 1914.

Jim Alexander & Green. Es común encontrar en los archivos, tanto públicos como privados, este retrato autografiado por el general Villa, debido a que ésta fue la fotografía oficial que repartía entre los periodistas y sus simpatizantes. Ciudad Juárez, 1914.

Miguel Ángel Berumen

Pancho Villa
la construcción del mito

Portada: basada en una fotografía de Sabino Osuna, cortesía de la Universidad de California en Riverside. En ella vemos a Pancho Villa fuera de su tren en la Ciudad de México (1914).

Página 12: El general Villa tenía fama de ser uno de los mejores tiradores de México. Aquí lo vemos probando suerte en el tiro al blanco. Al lado derecho de la imagen vemos al general José Rodríguez (1914) (Casasola Foto).

Página 15: Esta fotografía contempla un ángulo poco visto en los retratos de Villa y es evidente que el fotógrafo quiso resaltar su pistola como un elemento inherente a su fisonomía (*Ca.* 1916).

Producción: Jesús Muñoz • Asistente de investigación: Karina Romero • Traducciones: Juan Pablo Berumen y Karina Romero • Reproducción digital: Cuadro por Cuadro • Corrección fotográfica: Oscar Medina • Corrección: Agustín García • Diseño gráfico de interiores: Ana María O. Prentis

PANCHO VILLA
La construcción del mito

© 2005, 2006, 2009, Miguel Ángel Berumen

D. R. © 2009, Cuadro por Cuadro, Imagen y Palabra, S.A. de C.V.
Río Danubio 930, Colonia Los Nogales,
Código Postal 32350, Ciudad Juárez, Chihuahua
imagenpalabra@yahoo.com

D. R. © 2009, Editorial Océano de México, S.A. de C.V.
Blvd. Manuel Ávila Camacho 76, piso 10
Col. Lomas de Chapultepec
Miguel Hidalgo, C.P. 11000, México, D.F.
Tel. (55) 9178 5100 • info@oceano.com.mx

Primera edición, segunda reimpresión: mayo, 2013

ISBN: 978-607-400-174-7

Impreso en México / Printed in Mexico

John Davidson Wheelan. Puente Internacional Santa Fe que comunicaba a Ciudad Juárez y El Paso, Texas. Enero de 1914.

Dedicamos este trabajo a los habitantes de Ciudad Juárez que cotidianamente luchan con pasión y honradez por sus principios y que como nosotros aspiran a tener una ciudad digna y respetable.

La evocación de la muerte salía más de aquel ojo que del circulito oscuro en que terminaba el cañón... Entre la concavidad carnosa de que es capaz su índice y la concavidad rígida del gatillo hay una relación que establece el contacto de ser a ser...

Al disparar, no será la pistola quien haga fuego, sino él mismo: de sus propias entrañas ha de venir la bala cuando abandona el cañón siniestro. Él y su pistola son una sola cosa. Quien cuente con lo uno contará con lo otro y viceversa. De su pistola han nacido y nacerán, sus amigos y sus enemigos.

Martín Luis Guzmán

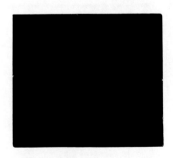

Designado por la Convención de Aguascalientes como el general en jefe de las fuerzas armadas, Villa ocupa junto con Zapata la Ciudad de México. Aquí lo vemos durante su estancia en la capital, posando despreocupado frente a la cámara. Atrás, a su lado derecho, vemos al general Rodolfo Fierro. Diciembre de 1914.

CONTENIDO

Ésta es la primera de tres fotografías de una secuencia donde Villa termina frenando su caballo justo frente a la cámara (ver las otras dos en las páginas 68 y 69). Esta secuencia nos recuerda la fama de buen jinete de que gozaba Villa. *Ca.* 1915.

Prólogo a la segunda edición

A pesar de haber pasado muy poco tiempo desde que salió a luz la primera edición de este libro, hemos seguido indagando y confrontando nuevas fuentes historiográficas que nos han permitido profundizar en algunas ideas que han fortalecido nuestra tesis original, por lo que hemos decidido incluirlas en la presente edición.

Es importante remarcar que esta segunda edición cuenta con 16 páginas más, en las que se incluyen nuevas fotografías, una cronología y un nuevo capítulo. Algunas de estas adiciones se centran en la fuerte presencia de Villa en los medios.

El capítulo que agregamos trata sobre la historia de la fotografía más famosa de Pancho Villa, y es en cierta forma la continuación de un trabajo metodológico que iniciamos en nuestro libro *1911, la batalla de Ciudad Juárez / II. Las imágenes,* donde exploramos el poder referencial que tienen algunas fotografías históricas.

Por otro lado, incluimos una cronología para que el lector que se acerca por primera vez a este personaje pueda contextualizar los hechos que narramos.

En su conjunto, la investigación trata de contestar cuatro preguntas centrales: cómo y cuándo se construyó el mito de Pancho Villa; cuál fue el papel que jugaron las imágenes fotográficas y cinematográficas, así como la tradición oral, en ese proceso. Para ello estudiamos al personaje histórico de los años 1913 y 1914, que es el periodo cuando creemos que se concretó el nacimiento del mito. Ofrecemos ademas una versión gráfica de Villa que de alguna forma es el punto de vista de los fotógrafos y consiste en una selección de fotografías que abarcan las primeras imágenes del Villa revolucionario de 1911 hasta las del día de su muerte, el 20 de julio de 1923. En esta galería incluimos las imágenes con las cuales la mayoría de la gente lo identifica, pero también aquellas que el mito y la propaganda olvidaron y que por lo tanto son prácticamente inéditas, además de que ofrecen una nueva visión del personaje.

Debido a que existe una bibliografía tan extensa sobre Villa, no quisimos caer en repeticiones innecesarias y nos enfocamos en las obras que aportaban información específica a nuestro estudio, dando especial importancia a las de periodistas y personajes que conocieron a Villa.

En primer término, queremos resaltar al autor chihuahuense Martín Luis Guzmán que, para nuestro gusto, sigue siendo el gran novelista de la Revolución Mexicana. De este autor consultamos *Memorias de Pancho Villa* y *El águila y la serpiente.* Esta última, una novela magnífica, no sólo por la belleza de su lenguaje sino porque el autor logra guardar distancia de los hechos históricos a pesar de haberlos vivido. En el aspecto militar nos basamos primordialmente en dos obras: *Historia del ejército constitucionalista*, de Juan Barragán, un oficial carrancista que muestra aspectos del carácter de Villa muy interesantes que pasan por alto, incluso, autores villistas, y en *Historia militar de la Revolución Mexicana*, de Miguel Sánchez Lamego, un trabajo minucioso y monumental basado principalmente en fuentes de la Defensa Nacional y partes militares de los grupos en conflicto. La obra analítica y biográfica por excelencia y que tuvimos como consulta permanente fue *Pancho Villa*, de Friedrich Katz, obra que sirvió en todo momento para comparar la información que nos generaba el resto de las fuentes consultadas. Ésta es una obra que tiene además la virtud de ofrecer al investigador información inagotable de fuentes de consulta. Otro magnífico libro que consultamos fue *Una muerte sencilla, justa, eterna*, del filósofo Jorge Aguilar Mora. Esta obra provocó en nosotros un placer nuevo. Fue como una llave que nos abrió una puerta secreta de la Revolución Mexicana, en cuya sorprendente claridad se pueden observar las cosas esenciales que siempre aparecían oscuras y confusas.

Para el pasaje que tratamos sobre la muerte de Pancho Villa en las páginas 3, 4 y 5 nos basamos en el manuscrito *El último viaje de Pancho Villa*, de William V. Morrison y C. L. Sonnichsen, que se encuentra en Colecciones Especiales de la Universidad de Texas en El Paso, y en el bellísimo cuento *La vida es una vuelta de Dirac*, del Dr. Barbahan, que aunque no se refiere a Villa, nos sugirió la idea para el trágico final del general rebelde.

El paso de Villa por el cine lo abordamos en función de la importancia que tuvo en la divulgación del mito y porque, durante la filmación que se hizo de su campaña en Ojinaga, se realizó también su fotografía más famosa. Al respecto, subrayamos la sobrevaloración que algunos autores han dado a las imágenes, principalmente cinematográficas, en los acontecimientos políticos y militares de la Revolución Mexicana. Para este tema consultamos *Con Villa en México,* de Aurelio de los Reyes; *La mirada circular,* de Margarita de Orellana; y el documental *Los rollos perdidos de Pancho Villa,* de Gregorio Rocha. Creemos que ellos han estudiado bien los documentos que hay sobre ese tema.

En el caso de los trabajos biográficos de Villa, podemos destacar *El verdadero Pancho Villa,* de Silvestre Terrazas, quien fuera el secretario de gobierno cuando Villa fue gobernador del estado de Chihuahua; *Las grandes batallas de la División del Norte al mando del General Francisco Villa,* de Luis Aguirre Benavides, su secretario particular; *Hombres de la Revolución, VILLA (sus auténticas memorias)* del doctor Ramón Puente; y *Francisco Villa, su vida y su muerte,* de Antonio Castellanos.

En relación al mito y a la imagen, nuestras lecturas fueron, básicamente, *Mitos mexicanos,* coordinado por Enrique Florescano; *Economía y sociedad,* de Max Weber; *Mitologías,* de Roland Barthes; *The Myth of the Revolution, Hero Cults and the Institutionalization of the Mexican State, 1920-1940,* de Ilene V. O'Malley; el artículo

"Pancho Villa: la fabricación de una leyenda moderna", escrito en 1964 por Nancy Brandt; y las reflexiones que hemos venido haciendo desde nuestro libro *1911, La batalla de Ciudad Juárez / II. Las imágenes*.

Los pies de fotografías, que regularmente consignan autor, colección, archivo, contenido, lugar y año y que por razones de espacio o estilo no se pusieron en la misma página donde aparece la imagen, se encuentran en un apartado al final del libro, en especial los del capítulo "Villa visto por sus contemporáneos", en el que aparecen sólo citas de autores que conocieron a Villa. Pero esto de ninguna manera significa restar importancia a dicha información y mucho menos a la imagen. Como editores, buscamos nuevos caminos para explotar las capacidades narrativas del libro como tal. Un ejercicio que, además, consideramos hoy más necesario que nunca, cuando algunos auguran que la muerte del libro-objeto está muy cerca. No sólo nos interesa que conozcan las historias que contamos, aspiramos sobre todo a que se conmuevan con ellas.

Agradecimientos

Este libro es el resultado de un largo trabajo donde se han sumado los esfuerzos de muchas personas e instituciones, por lo que dedicamos este espacio a reconocer ese apoyo.

En primer término queremos agradecer y ponderar el compromiso que los directivos de la cadena de tiendas Smart han adquirido para impulsar nuestro proyecto editorial que promueve el entendimiento de nuestra cultura y nuestro pasado.

En el ámbito académico, quiero agradecer al Doctor Rubén Osorio, quien es un experto en el villismo, porque me permitió consultarlo cuantas veces fue necesario en persona y muchas veces por teléfono, en todos los casos con increíble disponibilidad y generosidad. Al maestro Pedro Siller le agradezco haber sido un lector crítico de mi trabajo, así como sus acertados comentarios y observaciones. En el proceso de investigación de este trabajo conocí a Paco Ignacio Taibo II, a quien le agradezco su confianza, pues me permitió conocer algunos de los avances de la biografía de Pancho Villa que estaba escribiendo entonces.

Y, como en el resto de nuestros libros, queremos agradecer a las gentes que desde los archivos hacen posible que los investigadores encontremos las piezas de nuestro rompecabezas: muy en especial a Rosa Casanova, quien fuera directora de la fototeca del INAH mientras realizábamos esta investigación, así como a su equipo de colaboradores, quienes nos brindaron todas las facilidades para esta investigación; a Melissa Conway, directora de Colecciones Especiales de la Universidad de California en Riverside, donde se encuentra una de las mejores colecciones fotográficas sobre la

Revolución Mexicana en Estados Unidos. En especial queremos agradecer a Sara Stilley quien, por tercera ocasión, nos brindó un trato excelente atendiendo nuestras necesidades técnicas; al Doctor David Chapman y Valerie Coleman, de Cushing Memorial Library and Archives de Texas A&M University en College Station, Texas, quienes nos apoyaron con una de las colecciones fotográficas más sorprendentes sobre Pancho Villa y que por fortuna publicamos en este libro; a Jeffrey Bridgers, de la Biblioteca del Congreso de Estados Unidos, quien por segunda ocasión nos ofreció su ayuda para navegar con éxito en ese fabuloso y gigantesco archivo; a Madeline F. Matz, de la división de cine; igualmente de ese archivo, pero del área de fotoduplicación, a Barbara Moore, quien atendió puntualmente nuestras solicitudes; a Suzanne Campbell y Alexander S. Cano, de la Angelo State University, quienes nos guiaron por la apasionante Colección Williwood Meador de West Texas Collection; a nuestros amigos de la Biblioteca Pública de El Paso: Carol Brey, directora general, James R. Przepasniak, director de la Biblioteca Central, y Martha Estrada, titular de Southwest Collections, donde consultamos las fotografías de la colección Aultman; a Claudia Rivers, por su ayuda en la ubicación de fuentes y por las facilidades que siempre nos brinda cuando consultamos Colecciones Especiales de la Universidad de Texas en El Paso; a Lynn Russell y Patricia Worthington, de la Sociedad Histórica de El Paso, que siempre nos ofrecen todas las atenciones y facilidades para revisar sus increíbles colecciones; a Charles Rizzo, el fabuloso buscador de tesoros de los que muchas familias paseñas se deshacen todos los días en las ventas de banqueta; al Doctor Ignacio Ruiz Velazco; a Elisa Riva Palacio, directora de la Biblioteca, y a Julio Ruiz, de Colecciones Especiales de la Universidad Panamericana, quienes nos brindaron toda su confianza para la revisión del archivo de Roque González Garza; a Josefina Moguel, del archivo CONDU-MEX; a Linda Briscoe, de Harry Ransom Humanities Research Center, de la Universidad de Texas en Austin; a la señora Bertha Provencio, que nos permitió utilizar fotografías de su archivo privado; al señor Tomas Jaehn de la Fray Angélico Chávez Library-Palace of the Governors en Santa Fe, Nuevo México; a Fabián Iguarán, del Departamento de Colecciones Especiales de la Universidad Autónoma de Ciudad Juárez; a Lucio Quintero Corral, quien amablemente nos permitió revisar su archivo; a Fabiola Pérez y Catalina Zúñiga, por la investigación hemerográfica que hicieron en la Biblioteca Nacional de México; a Juan Pablo Anchondo y Hugo Ocón, por todo el apoyo que nos han brindado en cada uno de los viajes que hemos hecho a la Ciudad de México; a Oscar Medina, quien siempre se ha solidarizado con nuestros proyectos.

Parte uno

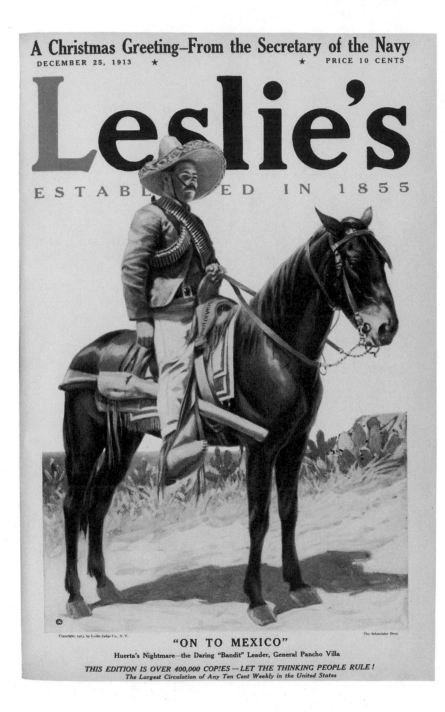

A Christmas Greeting—From the Secretary of the Navy

DECEMBER 25, 1913 ★ ★ PRICE 10 CENTS

Leslie's

ESTABLISHED IN 1855

Copyright, 1913, by Leslie-Judge Co., N. Y.   The Schweinler Press

"ON TO MEXICO"

Huerta's Nightmare—the Daring "Bandit" Leader, General Pancho Villa

THIS EDITION IS OVER 400,000 COPIES — LET THE THINKING PEOPLE RULE !
The Largest Circulation of Any Ten Cent Weekly in the United States

24

Introducción

El 25 de diciembre de 1913, *Leslie's*, una de las revistas más influyentes en los Estados Unidos y con un tiraje superior a los 400,000 ejemplares, le dedicó su portada a Pancho Villa. Era una clara anticipación de que en lo sucesivo este personaje sería considerado un factor clave en el conflicto de la Revolución Mexicana, y un recurso inestimable para los fines comerciales de la revista. Algo parecido estaba sucediendo con el resto de los periódicos que empezaban a otorgarle sus titulares.

¿Quién era este personaje que estaba acaparando las notas más importantes en los periódicos de Estados Unidos? ¿Cómo es que un hombre con fama de bandido y asesino, sin haber logrado todavía sus principales victorias militares, tenía ya una gran presencia en los medios?[1] ¿Acaso algunos de estos editores ya habían vislumbrado el poder carismático de Villa y estaban dispuestos a explotarlo publicitariamente? O, simplemente, ¿sólo venían tras las pisadas de un guerrero al frente de un ejército victorioso?

Francisco Villa arribó al final de 1913 con dos capitales inmensos que, por la "rapidez" con que los había adquirido, resultaban aparentemente inexplicables. El primero de ellos era su nueva condición política y militar: Villa era gobernador provisional de Chihuahua, el estado que en 1911 había sido clave para el derrocamiento de Porfirio Díaz. Era un estado con miles de cabezas de ganado y donde los norteamericanos tenían más dinero invertido en ferrocarriles, minas, aserraderos, compañías de teléfonos y seguros que en cualquier otra parte del mundo, y por añadidura, donde se encontraba uno de los puntos de contacto más importantes entre México y los Estados Unidos: Ciudad Juárez. Por esa ciudad se tramitaba un volumen muy elevado de operaciones aduaneras, así como el contrabando de armas y municiones,[2] y era un punto ideal para mantener una relación directa con los periodistas y fotógrafos estadounidenses. Éstos podían constatar de manera expedita los éxitos de su campaña, algo que sin duda prepararía a la opinión pública y al propio gobierno de Estados Unidos para un reconocimiento de su ejército como una fuerza beligerante y, eventualmente, como un gobierno *de facto*. La División del Norte, comandada por el general Villa, contaba para

---

[1] Las batallas más contundentes, que significaron la derrota definitiva de Victoriano Huerta, fueron sin duda las de Torreón y Zacatecas, en marzo y junio de 1914 respectivamente, ambas ganadas por el general Pancho Villa al frente de la División del Norte.

[2] Por estas fechas ninguno de los grupos levantados en armas en México podía importar legalmente armas y municiones de los Estados Unidos, así que las obtenían por medio del contrabando. El 27 de agosto de 1913 fue decretado por el gobierno de Estados Unidos el embargo de venta de armas a México, y no fue revocado sino hasta el 3 de febrero de 1914.

entonces con cerca de 10,000 hombres perfectamente armados, así como una gran cantidad de caballos, piezas de artillería y el control absoluto del sistema ferroviario.

Durante su gestión, fundó un banco de emisión estatal y, pese a la guerra, prácticamente se realizaban con normalidad la mayoría de las operaciones industriales y comerciales en las principales ciudades del estado. Este punto es de llamar la atención si tomamos en cuenta que fue el único líder revolucionario con una iniciativa similar, pues ni siquiera Carranza logró algo parecido durante los primeros años de la revolución. Para Villa resultaba prioritario mantener activa la economía en los territorios que ocupaba, al grado de negociar personalmente, si así lo ameritaba el caso, con los dueños de las industrias y compañías para que mantuvieran abiertas sus operaciones. Igualmente, ponía mucho énfasis en la recolección de las contribuciones forzosas entre las familias adineradas y el clero, con las que obtenía importantes sumas de dinero[3] que le permitían mantener eficiente el funcionamiento de su ejército.

Otro hecho notable de este capital fue la importancia que el gobierno de Estados Unidos dio a Villa por encima de los otros líderes constitucionalistas, considerándolo como un importante factor político y militar, independiente de Carranza, en el conflicto de México, al grado de enviarle un cónsul especial para que fungiera como su representante diplomático.[4]

El otro capital, para la mayoría desconocido, era lo que la gente decía de él y lo que la gente decía que oía de él, de su ejército, de sus batallas, sus tropelías y sus aventuras. Era una avalancha de historias que causaban un gran impacto psicológico entre sus soldados y enemigos. Estas historias se difundían de boca en boca, de pueblo en pueblo y desde hacía varios años. A este hombre con una carrera militar en ascenso, la gente de Durango y Chihuahua no lo conocía de ese momento, sino desde tiempo antes, cuando peleaba con grado de general honorario defendiendo al gobierno del presidente Madero contra la rebelión orozquista de 1912. Lo conocían también desde que se unió a Francisco I. Madero y Abraham González en 1911, siendo una pieza clave en la victoria del maderismo en el norte. Pero lo recordaban desde tiempo más atrás, cuando sólo era conocido por su seudónimo y su fama de bandido volaba de región en región en los estados del norte de México.

La suma de todas estas historias y su nueva realidad política y militar convirtieron a Villa en un mito vivo en el que realidad y fantasía se confundían. Ésa era tal vez la explicación a tantos y tan rápidos éxitos. Para finales de 1913 ya había dos Villas que se alimentaban el uno del otro en una completa confusión de identidades.

Villa vivió siempre en las fronteras: geográficas, históricas, temporales, afectivas; por

---

[3] En la colección America Magazine (box B-18, folder 25) de la Universidad de Georgetown en Washington, D.C., se encuentra una gran cantidad de reportes de padres jesuitas que estuvieron en México durante la revolución y describen cómo eran forzados por Villa y sus hombres para conseguir elevadas sumas de dinero.

[4] La persona que nombró Wilson fue George C. Carothers, quien ya se desempeñaba como cónsul en la ciudad de Torreón. Se convirtió en un hombre muy cercano a Villa y prácticamente en su consejero en las cuestiones internacionales.

eso es tan difícil de seguir su proceso si se quiere definir una figura única, reconocible, con atributos evolutivos pero fijos, con rasgos psicológicos cambiantes pero únicos.[5]

Era evidente que la tradición oral había jugado un papel protagónico en la conformación del mito, pues hasta ese momento histórico los medios masivos no habían tenido una influencia decisiva en la configuración de la nueva realidad política en el estado de Chihuahua y menos aún en la extraordinaria transformación sufrida por Francisco Villa. Los medios empezaron a prestar atención a Villa cuando su presencia era en todos los sentidos arrolladora y tuvieron que reconocer que ya no era sólo un forajido mal educado con las manos ensangrentadas.

Pero una vez que aparecieron las primeras coberturas periodísticas después de la toma de Ciudad Juárez, éstas se multiplicaron de manera vertiginosa, a tal grado que algunos reporteros empezaron a especular sobre la intencionalidad de Villa para aparecer en los medios. A ese respecto, resulta sumamente ilustrativo el debate que se suscitó entre los periódicos *Fort Worth Records* y *El Paso Morning Times*. El primero decía que Villa conocía la importancia de la publicidad y que por lo tanto era esclavo de su propia máquina de escribir. *El Paso Morning Times* le replicó diciendo:

> Él no es esclavo de su máquina de escribir, y no solicita publicidad, de hecho es bastante evidente que muchas de las atenciones que han sido forzadas sobre él desde que adquirió gran fuerza en el medio, le son extremadamente desagradables.[6]

Nosotros, al igual que el *Fort Worth Records*, creemos que Villa conocía muy bien el valor de los medios masivos, pero no que estuviera esclavizado a ellos. Los documentos que consultamos a lo largo de la investigación nos muestran más bien que Villa era asediado constantemente por ellos, precisamente por el éxito de sus victorias militares. Si acaso, la única excepción notoria de Villa en esta etapa por aprovechar intencionalmente los beneficios de la publicidad, fue cuando firmó el contrato con la Mutual Film Corporation para que filmaran sus batallas. Para Villa, que obviamente esperaba beneficios publicitarios, la película significaba, primordialmente, la oportunidad de llevar a cabo un excelente negocio. Villa firmó un contrato con todas las ventajas a su favor. Sería el dueño del 20% de las acciones y recibiría de inmediato un anticipo de 25,000 dólares.[7] Y todo sólo por dejarse filmar mientras dirigía su campaña militar, algo que haría de cualquier manera. Villa fue asesorado y representado en esta

[5] Jorge Aguilar Mora, *Una muerte sencilla, justa, eterna. Cultura y guerra durante la Revolución Mexicana.* Ediciones Era, México, 1990, p. 153.

[6] *El Paso Morning Times*, 1 de diciembre de 1913.

[7] Aunque ésta no fue la primera vez que los revolucionarios cobraron por dejarse filmar, sí fue el contrato más cuidadoso y elaborado entre el cine estadounidense y la Revolución Mexicana. En 1912, Pascual Orozco cobró a la Gaumont, Co., 1,000 dlls. por dejarse filmar junto con su ejército. En State Department. Records of the Department of State relating to internal affairs of Mexico, Call No. 319893, Microcopy M-274, Roll No. 1, en la Universidad de Texas en El Paso.

Ejército Constitucional.

JDG/
Número.... 436

Siendo indispensable que la Via del
Ferrocarril Nor-Oeste de México se encuentre reo
construida en el menor tiempo posible, este Cuartel General de mi cargo se ha servido disponer, ø
diga á Ud. proceda á la reconstrucción de la cita
da Via, en el concepto que la Superioridad le da-
rá las garantias necesarias dentro de la Zona ocu
pada por sus Fuerzas para evitar sea nuevamentex
destruida, ó en caso contrario, lo manifieste asi
para que éste Cuartel General haga la reparación
por su cuenta, cargando los gastos que se eroguen,
á la Compañia que Ud, representa.

Lo que comunico á Ud. para su conocix
miento y efectos.

Libertad y Constitución.

C. Juárez. Chih/ Noviembre 18
1913.

El General en Jefe

Francisco Villa

Al Gerente de la Compañia del F.C. Nor-Oeste de
México/

Ciudad Juárez.

La toma de Ciudad Juárez el 15 de noviembre de 1913, recompuso el balance de las fuerzas dentro del ejército constitucionalista y colocó a Villa como la cabeza más visible y carismática del movimiento revolucionario. Villa tenía un gran interés por restablecer de inmediato el sistema ferroviario, pues además de controlar el desplazamiento de personas y el intenso tráfico de mercancías que tenía como destino final los Estados Unidos, le urgía utilizarlo con fines militares.

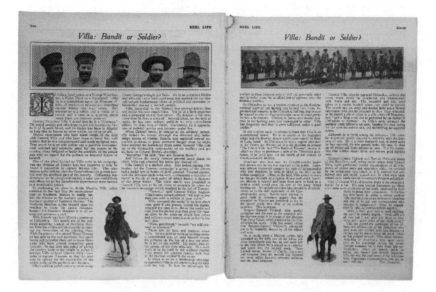

Fotografías de la campaña de Ojinaga publicadas en la revista *Reel Life*, propiedad de la Mutual Film Co., el 23 de mayo de 1914.

negociación por el brillante abogado paseño Gunther Lessing, quien años más tarde se convertiría en el abogado y vicepresidente de los Estudios Walt Disney. Mientras se llevaron a cabo las negociaciones con la compañía de cine y durante el tiempo que el personal de la película estuvo en sus campamentos, Villa continuó con sus actividades normales, de tal suerte que su relación con el cine no lo distraía de sus compromisos con su ejército.

Villa era un auténtico fenómeno en los medios y eso fue aprovechado por la Mexican War Pictures para explotar aún más su figura. Uno de los anuncios para la promoción de sus películas, se refiere a Villa como un personaje importante, no porque hubiera logrado grandes victorias militares, sino porque se hablaba mucho de él. Afirmaban que se estaba publicando tres veces más sobre Pancho Villa que sobre cualquier hombre vivo,[8] es decir, la gran cantidad de veces que aparecía Villa en los periódicos lo estaban usando ellos mismos para hacer publicidad sobre el guerrillero. Esta forma sofisticada y que aún persiste hoy en día para hacer campañas publicitarias, se basa en la creencia de que el éxito se debe en gran parte al éxito.

En la historiografía reciente podemos encontrar verdaderos esfuerzos por desmitificar la figura de Villa, pero muy pocos que sigan el rastro histórico del mito, y los que lo han hecho han sobrevalorado las imágenes fílmicas y fotográficas como origen del mismo, aunque no negamos que éstas hayan jugado un papel muy importante en su divulgación y su permanencia.

---

[8] *Reel Life*, 27 de junio de 1914.

Ciertamente, nosotros mismos somos partidarios del estudio sistematizado de las imágenes históricas, pero en la medida que sea complemento de un análisis general que contemple varias disciplinas.[9] No podemos caer en la tentación de simplificar la influencia de las imágenes y los medios masivos en la vida cotidiana, y menos aún en los acontecimientos históricos.

Es evidente que no nos interesa "desmitificar" al mito, pues el mito vive, es algo "real", es histórico. De hecho es más poderoso que el personaje. De ahí que nuestro interés no sea propiamente contar "la verdadera historia de Pancho Villa". Más que saber si Villa mató personalmente u ordenó matar a cuatrocientos prisioneros en San Andrés; si mató a sangre fría al ciudadano inglés William Benton;[10] si sus enemigos se sintieron derrotados ante su sola presencia en el campo de batalla; si repartía su dinero entre los pobres; más que probar todo eso, queremos saber si alguien en algún lugar y en alguna época lo creyó o lo cree actualmente. Lo que queremos mostrar es que la mayoría de la gente lo creía capaz de eso.

> La verdad del mito no está en su contenido, sino en el hecho de ser una creencia aceptada por vastos sectores sociales. Es una creencia social compartida, no una verdad sujeta a la verificación. Su validez y eficacia residen en su credibilidad.[11]

Pancho Villa se convirtió en un mito cuando una serie de concepciones sobre él se pusieron en circulación con una gran fuerza a partir de 1913, y evidentemente fueron repetidas por amplios sectores sociales, quedando profundamente arraigadas en el imaginario colectivo.

Sin duda, hubo momentos históricos precisos que facilitaron que las diferentes concepciones sobre Villa se pusieran en marcha y se mantuvieran a través de los años, pero el motor principal de este complejo sistema de factores que se encadenaron para dar lugar al nacimiento del mito, fue la personalidad carismática de Francisco Villa. Por eso es sumamente importante que tratemos de entender quién era y cómo lo veían sus contemporáneos.

---

[9] En nuestro libro *1911, La batalla de Ciudad Juárez / II. Las imágenes*, hacemos un estudio sobre las imágenes, pero como parte de un estudio general de dicha batalla. De hecho, en el tomo I, Pedro Siller presenta sus conclusiones a partir del estudio de otras fuentes, tales como manuscritos, hemerografía y bibliografía.

[10] William Benton, un ciudadano de origen inglés, con propiedades en el estado de Chihuahua, resultó muerto después de un altercado con Francisco Villa en su cuartel en Ciudad Juárez el 17 de febrero de 1914. Este suceso causó un conflicto internacional con Inglaterra y Estados Unidos, ya que el primero, al no tener relaciones con los constitucionalistas, optó por pedir ayuda al gobierno de Wilson. Ambos gobiernos empezaron a ejercer gran presión sobre Villa y Carranza. Ante la imposibilidad de solucionar el problema por sí mismo, Villa dejó en manos de Carranza el asunto, quien lo resolvió hábilmente aclarando al gobierno de EUA que sólo trataría el asunto con Inglaterra. Sin embargo, el gobierno de este país se negó a ello, pues al hacerlo reconocería *de facto* a los constitucionalistas como una fuerza beligerante. Aunque la tensión decayó, el evento tuvo un impacto muy negativo en la imagen de Villa y significó además una excelente oportunidad para que Carranza se acreditara aún más como el líder de la Revolución Mexicana.

[11] Enrique Florescano (coordinador), *Mitos mexicanos*. Taurus, México, 2001, p. 12.

Arriba del encuadre vemos una parte de Ciudad Juárez y podemos visualizar la cercanía con la ciudad estadounidense de El Paso, del que sólo la separa el Río Bravo. Vemos también cuatro puentes internacionales: al centro dos del ferrocarril por donde se atendía el tráfico de mercancías, y en las orillas los puentes por donde ciculaban los autos, los peatones y el transporte público. *Ca.* 1915.

Reel Life

A MAGAZINE OF
MOVING PICTURES

GENERAL FRANCISCO VILLA

MAY 16

What the War Means
to the
Women of Mexico

FORTY-FOUR PAGES FOR
FIVE CENTS

Copyright 1914, by Mutual Film Corporation

La publicidad generada por las dos películas que la Mutual filmó con Villa agrandó la ya de por sí abundante cobertura periodística que había sobre el general rebelde. Esta portada fue publicada para impulsar el estreno de la película *La vida del general Villa* que se llevó a cabo el 7 de mayo de 1914 en la ciudad de Nueva York.

La construcción del mito

Tratar de entender el proceso de construcción del mito de Pancho Villa es adentrarse en uno de los imaginarios más fabulosos del siglo XX. La transnacionalización de este proceso, que resulta ser una peculiaridad, lo hace particularmente atractivo, pues aunque nació en tierras mexicanas, en los pueblos de Chihuahua y Durango, los periódicos y el cine estadounidenses lo retomaron y se encargaron de acrecentarlo y transformarlo en nuevas versiones. La mayoría de éstas se basaban en conceptos fantásticos y efímeros, por lo que muchos de sus lectores y espectadores fueron arrastrados por el asombro que produce el espectáculo, sin que pudieran comprender el sentido y la riqueza del personaje histórico.

Pero mucho antes de que esta gran transformación estuviera sucediendo en Estados Unidos, el poder de la tradición oral en el norte de México ya había conformado al mito. Esta tradición tuvo una importancia tal que no declinó ni aun cuando el mito fue invadido por el imperio de las imágenes. A la postre, tanto la tradición oral como la influencia de las imágenes se complementaron, de tal suerte que el mito no se podría explicar si faltara alguna de ellas.

Empezaremos por situar el periodo del nacimiento del mito para que a partir de ahí lo podamos distinguir del personaje histórico y, por lo tanto, nos facilite la comparación entre ambos. Esto, entre otras cosas, nos permitirá ver en qué momentos el mito se separa del personaje y adquiere vida propia. Esta posibilidad de distinción (en la medida de lo posible) se vuelve sumamente importante si tomamos en cuenta que en el caso de Villa casi nunca hubo historias lo suficientemente claras que el mito no pudiera invadirlas.

Creemos que el nacimiento del mito aparece, como vimos en la introducción, a finales de 1913, gracias a la tradición oral, y pasa a manos de los medios a partir del 10 de enero de 1914, con la toma de Ojinaga. Una batalla que causó un gran impacto en todo el país, no sólo porque con ella se derrotaba definitivamente al ejército federal en Chihuahua, sino por el hecho inédito en la historia de México de haber expulsado del territorio nacional a un ejército regular. Además, esta batalla proveyó al mito de sus principales representaciones gráficas.

En el nacimiento del mito intervinieron dos hechos primordiales que tuvieron que ver con el Villa prerrevolucionario y que podríamos considerar claves en la vida del personaje. Uno de ellos son sus andanzas de bandido, y el otro, el confuso origen de su nombre (Doroteo Arango) y de su seudónimo (Francisco Villa). Su fama de bandido lo acompañaría hasta el fin de sus días y serviría de nutriente principal a la parte negativa del mito. El nombre y la suplantación del nombre, por su parte, explican una de las razones del profundo arraigo que Villa tenía entre sus soldados.

Muchos de ellos provenían de la Comarca Lagunera, una zona fundada apenas a finales del siglo XIX, cuando se construyeron las líneas del ferrocarril de la Ciudad de México a Ciudad Juárez y de Monterrey a Durango, cruzándose en un punto donde se encontraban los límites de Durango y Coahuila. Ahí, más tarde, se construiría la ciudad de Torreón. Esta situación geográfica con respecto a la red ferroviaria hizo que esta zona se desarrollara de una manera vertiginosa, atrayendo grandes inversiones y, con ellas, a miles de trabajadores de varios estados de la república,[12] los que se convirtieron de la noche a la mañana en uno de los grupos de migrantes más grandes de México. Casi todos ellos eran muy pobres y en muchos sentidos con situaciones similares a las que había pasado el propio Villa, en especial en lo referente a la confusión de sus orígenes. El vacío de los nombres de estos miles de trabajadores se traducía en anonimato, pero, paradójicamente, eran al mismo tiempo el fondo mismo de la identidad popular. Muchos de ellos, al igual que Villa, no hacían nada para que el origen de su nombre o el de su familia apareciera menos confuso, tal vez porque inconscientemente querían ocultar la ilegitimidad de su nacimiento y la pobreza de su origen.[13]

En todo caso, lo que era más importante para todos los seguidores de Villa era su seudónimo, una especie de consigna para designar una fuerza y una voluntad con la que todos ellos se identificaban.

> La inexistencia de un individuo distinguible y preciso no significa de ninguna manera que detrás del nombre propio hubiera una soledad esencial o irremediable. Por el contrario, detrás de la máscara había una multitud, había una efervescencia, una turbulencia de rostros, de pasiones, de caminos sin fin. Esa multiplicidad destruía la pretensión del nombre propio de definir a *una* persona [cursivas del autor].[14]

Estas reflexiones encuentran, en la confusión misma del origen del nombre, uno de los sentidos más vitales de Villa, por eso se convirtió en amigo de sus soldados y se identificaba con ellos. Además, de esa relación dependía su fuerza y supervivencia. Esta conexión con ese pasado peculiar nos muestra que el fenómeno "Villa" de 1913 no surgió de la nada y, menos aún, que su éxito se lo debiera única y exclusivamente a su "magnífica" inteligencia. Además de los factores propiamente histórico-personales, hubo otros de carácter político y coyunturales que, al confluir con su

---

[12] William K. Meyers, *Forja del progreso, crisol de la revuelta. Los orígenes de la Revolución Mexicana en la Comarca Lagunera, 1880-1911*. Instituto Nacional de Estudios Históricos de la Revolución Mexicana, México, 1996. pp. 56-61.

[13] Jorge Aguilar Mora, *Una muerte sencilla, justa, eterna. Cultura y guerra durante la Revolución Mexicana*. Ediciones Era, México, 1990, pp. 56-61.

[14] *Ibid.*, p. 60.

personalidad carismática, desembocaron en la conformación de uno de los personajes más importantes de la Revolución Mexicana y en la construcción del primer gran mito del siglo XX.

Para seguir el rastro del Villa mítico revisamos los episodios más importantes del personaje histórico porque, lejano o no, el mito sólo puede tener fundamento histórico.

Una de las etapas que más influyeron en la madurez que mostró Pancho Villa en la revolución de 1913, fueron los meses que pasó en la cárcel en 1912.[15] Significaron largos momentos de reflexión sobre su vida privada y pública, así como sobre su carrera militar. Durante ese tiempo conoció a presos políticos de otros bandos, de los que escuchó otras maneras de concebir las soluciones de los problemas nacionales. Su relación con el zapatista Gildardo Magaña, uno de los intelectuales más influyentes del movimiento suriano y que ocuparía la dirección del zapatismo tras el asesinato de su líder en 1919, le mostró cómo la revolución de Zapata se basaba en un programa ideológico que planteaba acciones concretas durante y después del movimiento armado. También se relacionó con el general Bernardo Reyes, quien se encontraba preso por rebelarse contra el gobierno de Madero y ahora le pedía al propio Villa su ayuda para intentar un nuevo levantamiento.

A pesar de que esos meses habían sido provechosos, no dejaban de ser una experiencia muy dura y amarga para Villa, y no sólo por el encierro, sino también por la casi total indiferencia de Madero para ayudarlo. Villa se sentía desilusionado de él, pues le había demostrado en varias ocasiones una lealtad indiscutible. Sin embargo, parece ser que al final de 1912 el señor Madero cambió su actitud y se decidió a ayudarlo. Por la lectura de algunas fuentes, se deduce que Villa escapó de la cárcel con la complacencia del gobierno de Madero y siguió gozando de cierta protección cuando se encontraba en El Paso, Texas, pues los agentes del gobierno mexicano en los Estados Unidos lo tenían perfectamente ubicado, de tal suerte que lo hubieran podido extraditar sin ningún problema.[16] Esta idea parece convincente si pensamos que Madero, sospechando que se fraguaba una conspiración en su contra, creía que Villa le sería más útil en la calle que en la cárcel. Lo que sí es seguro es que Madero no se quiso comprometer con Villa públicamente por temor a las represalias de Victoriano Huerta

---

[15] Tras haberse librado del pelotón de fusilamiento, después de que Victoriano Huerta lo acusara injustamente de insubordinación y robo, Villa fue enviado a la penitenciaría de la Ciudad de México en calidad de procesado. Villa ingresó al penal los primeros días de junio; se escapó el 26 de diciembre y se refugió en El Paso, Texas. El 6 de marzo entró de nuevo a México para incorporarse a la revolución contra Huerta.

[16] En la correspondencia del secretario de estado de EUA, encontramos una carta con fecha del 27 de diciembre de 1912, un día después de que Villa escapara de la cárcel, y decía textualmente: "Francisco Villa escapó de la prisión con evidente ayuda de las autoridades". Colección de microfilms de la Universidad de Texas en El Paso, State Department, No. 0925. La idea de que el gobierno de Madero había ayudado a Villa era generalizada. *El Paso Herald*, en su edición del 23 de marzo de 1913, publicó; "... le fue permitida su huída por los agentes de Madero para que escapara de la prisión en la Ciudad de México". Una fuente europea también menciona esa hipótesis, ver: Victor Poncelot, *Gen. Francisco Villa candidate for Nobel Peace Prize. A little biography of a great man.* s.p.i., 1914, 15 pp. (la versión original está en francés).

y a la oligarquía del estado de Chihuahua, en especial a los Terrazas y los Creel, quienes ya habían dado a conocer que, mientras ellos vivieran, Villa no saldría de la cárcel.[17]

Posteriormente, sucedió otro de los hechos que marcaron para siempre la vida de Villa, que lo empujaron a empuñar de nuevo las armas, y sería decisivo para la aparición del mito. Como consecuencia del golpe de estado perpetrado por Victoriano Huerta y el posterior asesinato de Francisco I. Madero, Abraham González, gobernador de Chihuahua, su protector político y a quien Villa veía como una figura paterna, también fue asesinado. Abraham González había dado sentido a la furia de Villa y le había mostrado las metas de la revolución. Para Villa, vengar la muerte de Madero y González era vengar la afrenta contra la misma revolución y la de sus padres putativos. Tanto Madero como González habían redimido públicamente los pecados de Villa y lo reconocían como un hombre indispensable para que el país lograra sus más nobles anhelos. Además, la forma en que fueron asesinados ambos fue muy significativa y produjo en todo el estado de Chihuahua un sentimiento de desprecio y rabia que exigía una venganza. Era obvio que ésta no la llevaría a cabo Pascual Orozco, dado el estado de rebeldía en que se encontraba contra el gobierno de la república y, aunque todavía gozaba de mucho prestigio en el estado, era al mismo tiempo el enemigo más grande de Madero y González. Ante esas circunstancias, los hechos apuntaban indiscutiblemente a Pancho Villa, quien era para entonces el revolucionario maderista vivo con más prestigio.

En efecto, Villa se levantó en armas en Chihuahua con el único fin de derrocar a Huerta y, a diferencia de 1911, él y sus seguidores estaban ahora en el escenario de la guerra sin la tutela directa de un liderazgo político, como cuando pelearon bajo el programa del partido antirreeleccionista. Durante ese movimiento, la organización, el financiamiento, la logística y los métodos dependían de la junta revolucionaria dirigida por Francisco I. Madero y Abraham González. Lo mismo sucedió en 1912, cuando Villa y sus hombres se lanzaron a la lucha para defender el gobierno de Madero contra el levantamiento orozquista. En este caso, el grupo de Villa se movía dentro de la estructura y bajo la logística del ejército federal que dirigía la campaña. Tampoco entonces Villa tuvo que preocuparse del financiamiento y la logística.

En cambio, en 1913, su liderazgo al frente de uno de los grupos levantados en armas le exigió responsabilidades organizacionales que jamás había enfrentado y que se imponían como indispensables para garantizar una campaña exitosa. Villa supo manejar el asunto de manera práctica y puso en evidencia un talento que sobrepasaba el requerido únicamente para dirigir una carga de caballería. Se reveló como un excelente organizador, por encima del resto de los grupos rebeldes e incluso por encima de lo que se observaba en el ejército federal. Sus hombres estaban bien alimentados, bien vestidos y la mayor parte de ellos con buenos caballos. Esta cualidad fue minimizada

---

[17] Rubén Osorio, *La correspondencia de Francisco Villa*. Talleres Gráficos del Gobierno del Estado, Chihuahua, 2004, p. 31.

entonces, pero probó en poco tiempo que junto a una estricta disciplina y a sus cualidades militares llevaría a su ejército a alturas insospechadas. Eran sin duda los primeros signos de un gran líder.

Para alguien como Pancho Villa eso no era poca cosa, pues era de todos conocida su falta de educación y su nula experiencia en las cuestiones políticas, pero al parecer ésos no eran impedimentos para que se asumiera como un líder en el más amplio sentido de la palabra. Ahora, a él le tocaba decir a sus seguidores cuál era el sentido de la lucha y cuáles sus métodos. Esta contingencia política daba a Villa la oportunidad de probarse, a sí mismo y a los demás, que efectivamente él era el hombre indicado que exigían las delicadas circunstancias por las que atravesaba el estado de Chihuahua. Debía imponerse como la fuerza dinámica esencial para lograr el triunfo de esa causa justa. Una misión para la que, además, se consideraba lo suficientemente apto.[18]

El propio Huerta lo creía así, pues a sólo unos días de estar al frente del gobierno de México, dispuso lo necesario para extraditar a Villa cuando éste se encontraba en El Paso.

> Por acuerdo de la Secretaría de Guerra y Marina, se sirva usted girar órdenes de aprehensión contra el acusado, aunque sea en territorio extranjero, empleando en la causa la mayor actividad.
> Por el espíritu de Huerta debió pasar en aquella fecha, la sombra del guerrillero, grave y amenazadora, despertándole un amargo presentimiento sobre lo que había de influir su recia personalidad en el desmoronamiento del Gobierno usurpado y la vergonzosa derrota del Ejército que acaudillaba.[19]

Este nuevo líder montado y con espuelas representaba la rebelión contra la desigualdad de la riqueza. Cada peón deseoso de un pedazo de tierra en Chihuahua se emocionaba con una indirecta satisfacción cuando robaba ganado a los Terrazas, o cuando confiscaba fábricas o propiedades después de las batallas e imponía a los ricos contribuciones forzosas. En Villa confluían los anhelos de todo un pueblo oprimido, con ansia de venganza y con sed de justicia. La satisfacción de esos anhelos que Villa les proporcionaba a sus soldados, lo colocaba ante ellos como un ser carismático y adorable. Era una representación de ellos mismos decidiendo sobre su propio futuro. Era el poder en las manos de uno de ellos.

> Ante el criterio de los burgueses que explotaban cómodamente la riqueza de los campos de Chihuahua y Durango sin estimación alguna por el esfuerzo de sus hombres, Villa era un bandolero criminal; pero para el criterio simplista de las gentes que

---

[18] El 4 de octubre de 1912, Villa escribe desde la prisión una carta a Madero donde deja entrever su conciencia sobre su capacidad militar: "... No le digo que soy más capaz que el señor Huerta, pero si más tarde se nos ofrece, se lo probarán mis hechos". *Ibid.*, p. 23.
[19] Juan Barragán, *Historia del ejército constitucionalista*. Editorial Stylo, México, 1946, p. 239.

sufrían las consecuencias del desnivel económico reinante durante la dictadura, Villa era el Ángel Vengador, encarnaba la esperanza de su reivindicación. Por esto encontraba amparo y ayuda sin límites entre las clases humildes… Era la rebelión desorientada, el grito de protesta que no quiere ser un sordo rumor, sino que se traduce en acción, en tempestad, en catarata.[20]

Pero no basta con que un líder proclame una idea, hace falta además que la lleve adelante con sus propios actos, que corrobore sus cualidades con el éxito constante de sus victorias militares, y que éstas además se reflejen en beneficios para sus seguidores.

Si quiere ser un profeta, debe hacer milagros; si quiere ser un caudillo guerrero, debe realizar acciones heroicas. Pero debe "probar" su misión divina por el hecho de que a las personas que a él se consagran y en él crecen *les va bien* [cursivas del autor].[21]

Villa procuraba en todo momento el bienestar y la seguridad de sus soldados y no los arriesgaba cuando las condiciones de la guerra no le eran del todo favorables. Para la batalla de Torreón, ya casi todos sus hombres llevaban uniformes modernos, calcetines y zapatos nuevos, cosa que no era muy común ver ni en el ejército federal. Algunos periódicos estadounidenses comparaban a su ejército con brigadas europeas. Desde 1911, Villa se destacaba por el cuidadoso trato de sus soldados:

Pagar bien a sus soldados y atender sus necesidades eran las piedras de toque de su política. Así lo deja ver Carrasco: "Cada semana el general Villa nos mandaba pagar quince pesos en moneditas de oro".[22]

Tenía, además, la costumbre de inmiscuirse entre sus soldados, probaba de sus comidas y cuando ocasionalmente fumaba, lo hacía de sus cigarrillos y permanecía pendiente de todas sus necesidades. Todo eso era muy apreciado por sus soldados.

Me di cuenta de que una de las razones por las cuales era un buen líder, era porque se encargaba personalmente de ver por la comodidad de sus hombres, así que no me sorprendí cuando al regresar lo encontré distribuyendo entre ellos ropa capturada de los federales.[23]

Varios periodistas estadounidenses también reseñaron esas actitudes de Villa. El importante periódico neoyorquino *The World*, hizo observaciones muy precisas sobre esas características de la personalidad carismática de Villa. Sin duda, estos textos ayudaron a conocer al personaje histórico, pero también facilitaron la propagación del mito.

---

[20] *Ibid.*, p. 230.

[21] Max Weber, *Economía y sociedad*. FCE, México, 1981, p. 850.

[22] Friedrich Katz, *Pancho Villa*. Ediciones Era, México, 1998, vol. 1, p. 24.

[23] New Yorker Unlimited, *The Memoirs of Edward Larocque Tinker*. New York, 1970, p. 130.

Entre los campesinos de la comarca montañosa de Chihuahua y el norte de Durango, donde su cuadrilla de bandoleros actuó durante años, se siente casi veneración por este hombre. Rara vez hizo daño a los pobres y se cuentan muchas historias de cómo saqueaba a los hacendados ricos y compartía el botín, en forma de carne y otros alimentos, con las comunidades muertas de hambre que necesitaban auxilio.[24]

En el terreno militar, Villa sobrepasó muy pronto al resto de los líderes revolucionarios que operaban en la zona. El 26 de septiembre de 1913, los principales dirigentes de los grupos revolucionarios levantados en armas en Chihuahua, Durango y Coahuila eligieron a Villa para que encabezara las campañas militares en esas zonas. Su primera gran batalla al frente de esa fuerza fue la toma de Torreón. Se dice que este grupo recibió desde entonces el nombre de la División del Norte. Entre las cosas que los líderes militares tomaron en cuenta para elegir a Villa, además de los excelentes resultados de su vertiginosa campaña de 1913, es que era uno de los militares maderistas más connotados en ese momento y se había ganado el respeto y la simpatía de los revolucionarios durante la campaña de 1911, debido a su protagónica participación en la toma de Ciudad Juárez, así como por la lealtad mostrada a Madero durante la rebelión orozquista de 1912.

La campaña militar terminó en un fracaso para Orozco. Factor considerable para la victoria del Gobierno, había sido Francisco Villa, según testimonios incontrastables de personas como el General Guillermo Rubio Navarrete, jefe de la artillería de la División del Norte que comandaba el General Victoriano Huerta, y de quien hemos escuchado esta aseveración.[25]

Su fama de valiente y el respeto de sus soldados se los ganó porque siempre iba a la vanguardia de sus jinetes y estaba en contacto constante con el enemigo. En la mayoría de sus grandes combates, su posición era ligeramente atrás de su principal línea de fuego, punto desde el cual podía observar y dirigir a los hombres frente a él, tan bien como a los generales de la retaguardia. Huerta también reconoció su valor durante la campaña contra Orozco y en acuerdo con el presidente Madero lo nombró general honorario. Esto también tuvo un impacto positivo entre sus hombres, pues ellos se enorgullecieron del nuevo grado de su jefe y, a partir de entonces, lo empezarían a llamar "mi general Villa".

Ésos eran puntos muy significativos a favor de Villa, pues los líderes y sus hombres que estaban levantados en armas en 1913 habían sido formados en la revolución de 1911 y el movimiento antiorozquista de 1912, así que prácticamente eran los mismos hombres. Se conocían entre ellos perfectamente, conocían cada una de las historias y cada una de las batallas, así como el papel que habían jugado en cada una de

[24] *The World*, 7 de marzo de 1914, citado en Aurelio de los Reyes, *Con Villa en México. Testimonios de camarógrafos norteamericanos en la Revolución 1911-1916.* UNAM/INEHRM, México, 1992, p. 126.
[25] Juan Barragán, *op. cit.*, p. 231.

ellas. Sabían, por lo tanto, que Villa era un gran estratega intuitivo y de una actividad inigualable, de ahí que la decisión de elegir a Villa no resultara una sorpresa, sino algo previsible.

Aunque la ciudad de Torreón cayó en sus manos el 30 de septiembre de 1913, eso no probaba todavía que Villa podía afianzarse en la dirección de esta nueva fuerza y menos aún que pudiera llevarlos a una victoria definitiva. Las dudas se despertaron cuando, a poco más de un mes, los esfuerzos de esta misma división resultaron infructuosos para tomar la ciudad de Chihuahua, así que nada estaba dicho: Villa no contaba con mucho tiempo y tenía que acreditar con los hechos por qué estaba al frente de esos hombres.

Fue entonces que se dirigió a Ciudad Juárez, tomándola el 15 de noviembre de 1913, una victoria que no sólo significó la reivindicación de su liderazgo, sino que dio la confianza dentro y fuera de México de las posibilidades reales del triunfo revolucionario. Ni las embestidas fabulosas del ejército del general Emiliano Zapata en el sur, ni las declaraciones sensacionalistas del señor Carranza desde su escritorio habían logrado tal impacto. Ésta era una primera gran victoria sicológica que le ganaba Villa a sus enemigos y significaba también un gran impacto en el ánimo de sus tropas. Villa, con un gran número de sus hombres, se introdujo en un tren de sus enemigos hasta el corazón de la ciudad fronteriza, tomándola por sorpresa en sólo dos horas. Esta hazaña militar, planeada con increíble rapidez y precisión matemática, bajo una estricta disciplina y con el arrojo de sus hombres, lo colocaban literalmente de la noche a la mañana en una posición envidiable, en un punto sin retorno. Villa acababa de escribir su nombre con letras grandes en la historia de México.

Curiosamente, Villa, buscando con la toma de Ciudad Juárez afianzarse al frente de la nueva fuerza, se vio de pronto, por la coyuntura política y la importancia de la plaza, en un escenario internacional inesperado en el cual la gente se preguntaba quién era realmente el líder de la revolución en curso: ¿Villa o Carranza? El arribo a este escenario probaba que las posiciones políticas en tiempos de guerra las daban las importantes victorias militares. Ésa era la única razón que explicaba la fuerza arrolladora en la que se había convertido Villa.

> Éste (Villa), era objeto en su despacho de la Aduana de Juárez, de innumerables felicitaciones de personas de todas las clases sociales que materialmente llenaban el amplio local. Personas honorabilísimas fueron expresamente a felicitar al héroe de la jornada fronteriza, ponderando su astucia y su táctica militar. Y sabido el audaz golpe villista en el mundo entero, de diversos lugares de nuestras fronteras y de Estados Unidos hicieron viaje expreso para presentar personalmente sus felicitaciones con enorme entusiasmo, admirando esa acción, encomiada por millares de mensajes que también llegaron por tal motivo.[26]

---

[26] Silvestre Terrazas, *El Verdadero Pancho Villa*. Ediciones Era, México, 1988, p. 80.

Ciertamente, Villa era considerado por sus soldados como uno de ellos, pero al mismo tiempo reconocían que tenía capacidades extraordinarias y no asequibles a cualquier otro. Esta victoria sorprendente y a un bajo costo humano mostraba las habilidades de estratega del general rebelde. No por nada, algunos periódicos empezaron a llamarlo desde entonces el Napoleón mexicano y el centauro del norte. Otros periódicos lo compararon con Atila, con el general escocés Roderick Dhu y con los generales estadounidenses Ulises Grant, Robert Lee y George Washington. Hugh Scott, el comandante de las fuerzas militares estadounidenses acantonadas en Fort Bliss, en El Paso, comparó esta hazaña con la del caballo de Troya.

Por cierto, Villa parecía dar poca importancia a esas comparaciones y las evadía con una actitud modesta, ponderando el valor de sus soldados por encima de sus propias capacidades. Así se lo hizo saber al corresponsal de *Vida Nueva* en Torreón después de la victoria de San Pedro de las Colonias:

> General, los acontecimientos de las últimas semanas han demostrado al mundo que es usted uno de los genios guerreros más admirables de México. La prensa toda del mundo al referirse a usted le llama el "Napoleón Mexicano".
>
> —No muchachito— se apresuró a decir el general Villa —yo no soy ningún Napoleón. Soy simple y sencillamente un soldado mexicano que lucha por lo que le parece justo y por lo que considera deben ser los derechos de su pueblo. Desearía yo que dijera usted, por medio de las columnas de su importante diario que todo el mérito de las victorias conquistadas en Torreón y en San Pedro de las Colonias, se debe a la lealtad y al valor de los hombres que forman el ejército constitucionalista y no exclusivamente a quien comanda este cuerpo del ejército: y yo deseo que en esa terminante declaración, incluya usted a todos y cada uno de los dieciocho mil hombres que componen las fuerzas de mi mando.[27]

Francisco Villa representaba la encarnación de los sufrimientos de sus soldados y se convirtió en la glorificación de sus más sublimes rebeldías. Además, el reconocimiento de las capacidades militares de Villa provocaba en sus soldados una entrega llena de fe, entusiasmo y esperanza. Para entonces el nombre de Villa se extendía por todos los pueblos de los estados norteños como reguero de pólvora, creando con ello un caldo de cultivo para que se incubara el mito.

> El portador del carisma abraza el cometido que le ha sido asignado y exige obediencia y adhesión en virtud de su misión. El éxito decide sobre ello... Si la reconocen, se convierte en su "señor" mientras sepa mantener por la "prueba" tal reconocimiento.[28]

La forma en que tomó Ciudad Juárez y la gran cobertura que hicieron los

---

[27] *Vida nueva*, 10 de abril de 1914, p. 1.
[28] Max Weber, *op. cit.*, p. 848.

periódicos locales, fueron dos circunstancias adicionales que hicieron que Villa tuviera aún más influencia sobre sus hombres, debido a que se percataron, por estos medios, del impacto que había tenido fuera de México su victoria. Al mismo tiempo, ellos se sintieron halagados, pues la mayoría de las notas les eran favorables. Era un reconocimiento público a su valor y a su lucha. Era una especie de aval internacional al desempeño militar de su jefe. La conciencia que adquirieron sobre cómo eran vistos en los medios significaba de algún modo un compromiso de cómo debían ser en el futuro inmediato. Esos estímulos se tradujeron en mayor fidelidad a su líder y se vieron reflejados en el carácter que mostraron en la siguiente batalla.

El general Mercado, que se encontraba al frente del ejército federal en Chihuahua, estaba decidido a frenar la carrera ascendente de Villa y junto con las fuerzas de los generales irregulares Orozco, Salazar y Caraveo se dirigieron al norte del estado para tratar de recuperar la plaza fronteriza.

Desde 1911, durante la revolución maderista, Villa supo de los riesgos internacionales que implicaban la defensa de Ciudad Juárez desde adentro, pues durante los combates de aquel año hubo muertos en el lado estadounidense por balas que cruzaron la frontera, y no quería provocarlos ahora. Por eso Villa planteó la defensa a 31 kms. al sur de la ciudad, una decisión que fue muy bien vista por las autoridades y civiles de las dos ciudades fronterizas. Para los observadores militares como los generales estadounidenses acantonados en Fort Bliss, en El Paso, esa actitud de Villa denotaba un gran valor militar, pues era obvio que la defensa de la ciudad era mucho más complicada desde afuera, pues se suponía que en un combate a campo abierto dominaría el ejército federal, debido a que contaba con más bocas de fuego y algunas de ellas con mayor alcance que cualquiera de las que pudiera tener la defensa.

Aún así, Villa y su creciente ejército se dirigieron a La Mesa, muy cerca de la estación Tierra Blanca, justo en la transición de los terrenos arenosos y los de tierra dura. Después de interrumpir la vía por donde llegarían los trenes del ejército federal, los miembros de la División del Norte se colocaron en la zona de tierra dura para que, inevitablemente, sus enemigos quedaran frente a ellos en la zona arenosa, con lo que se dificultarían sus maniobras, en especial el desplazamiento de la artillería. La línea de combate se extendió aproximadamente 12 kilómetros. Era la primera batalla frontal de Villa. No había hecho nada parecido hasta entonces; estos inmensos llanos ponían a los soldados de ambos ejércitos en una lucha frente a frente y Villa tendría que sujetarse a las estrategias de la guerra formal que incluye la hábil combinación de las tres armas: infantería, caballería y artillería. El combate de Tierra Blanca culminó el 25 de noviembre con una estrepitosa derrota del ejército federal y con un impresionante botín de guerra para Villa. Esta batalla significó el primer apunte táctico de lo que serían las siguientes campañas de Villa: reconocimientos preliminares, distribución ordenada de las tropas, elección de posiciones, establecimiento meditado de la artillería para apoyar el avance de las otras armas, elección de un frente principal de ataque y otros adicionales, fuerzas de reserva y el uso de brigadas sanitarias. Cada victoria de Villa siempre era más grande que la anterior, cada vez más contundente y más poderosa. Era una fuerza ascendente que se reproducía de una manera vertiginosa y Tierra Blanca no había sido la excepción, pues con esta victoria prácticamente quedaba sellada la suerte del ejército federal en Chihuahua. El propio general Mercado describió así su derrota:

> Entre Tierra Blanca y Mesa eran despedazadas mis tropas en número de 5,250 hombres, como quien dice casi el total de la División del Norte. Ocho cañones y doce ametralladoras quedaron en poder del enemigo, mil cincuenta y tres hombres entre muertos, heridos y dispersos... y además, en las fuerzas del Gobierno, la más completa desesperación, el más incontenible pánico.[29]

La batalla de Tierra Blanca tuvo un impacto mayor que la toma de Ciudad Juárez entre los oficiales del ejército estadounidense y los periodistas norteamericanos, ya que tuvieron la oportunidad de reseñarla paso a paso, dándose cuenta con sus propios ojos del poder militar de Villa, cosa que no habían podido hacer durante la toma de la ciudad, debido a la sorpresa con la que se había llevado a cabo. El veterano periodista paseño Norman Walker emprendió una iniciativa que permitió a su periódico, *El Paso Herald*, tener las primicias de la batalla.

> Mr. Norman Walker, se trepó a una torre de la inalámbrica de Fort Bliss, comunicando al minuto los detalles del duelo mortal de los dos bandos que se disputaban la posesión fronteriza, sabiéndolos el público por "extras" de cada media hora.[30]

El mito y los medios le seguían los pasos al personaje histórico porque éste era realmente sorprendente y estaba lleno de hechos increíbles, aunque en ocasiones el mito lo aventajaba y cual bola de nieve iba sumando en cada vuelta todas las versiones que se decían y publicaban sobre Villa. El periodista estadounidense Gregory Mason, de *Outlook*, decía que Villa era, quizás, el personaje más famoso producido en un país en donde lo común era lo más raro y lo fantástico era lo más común.

Su fama sobre estas batallas empezaba a surtir efecto entre sus hombres y terror entre sus adversarios. Los últimos días de noviembre, a unos días de la derrota de

[29] Salvador R. Mercado, *Revelaciones históricas, 1913-1914*. Salvador R. Mercado, Las Cruces, Nuevo México, 1914, p. 41.
[30] Silvestre Terrazas, *op. cit.*, p. 85.

Tierra Blanca, el general Mercado y el resto de sus hombres, así como las fuerzas irregulares y cientos de familias, salieron despavoridas de la ciudad de Chihuahua con destino a Ojinaga. Este viaje fue conocido como "La caravana de la muerte".[31]

> Villa sabía también cómo utilizar militarmente ese terror. Sabía mantener, cuidar y acrecentar el prestigio y la fama de invencibilidad de la División del Norte. Y lo utilizaba como uno de los elementos de la acción militar, pues inspirar de antemano terror al enemigo era tenerlo ya a medias vencido antes de entrar en choque directo con él.[32]

> A finales de aquel mes de noviembre supe yo, por informes que me llegaban, el grande pánico que había cundido entre los ricos de Chihuahua al conocerse mi victoria de Tierra Blanca.[33]

Después de su entrada triunfal a la ciudad de Chihuahua el 8 de diciembre de 1913, precedido por la victoria de Tierra Blanca y la toma de Ciudad Juárez, Villa empezó a entender que uno de los extremos del poder militar era político, pues nadie podía dedicarse a la guerra porque sí. Las victorias, las ciudades y los bienes tomados tenían que administrarse; en otras palabras, tenían que gobernarse. Villa había declarado a la prensa una y otra vez que no le interesaba el poder político, que a él sólo le interesaba pelear por la causa de la justicia y contra cualquier gobierno que se burlara de la voluntad del pueblo, cosa que hizo como personaje histórico hasta 1920. Si eso era así, al jefe de la División del Norte no le quedaba otra alternativa que mantener una guerra crónica, una utopía a todas luces irrealizable. Era una contradicción que encerraba en sí misma la derrota del personaje histórico y paradójicamente la supervivencia del mito.[34]

Villa estaba demasiado ocupado atendiendo el vértigo de la guerra y no tenía espacio para la política, así que reafirmó su adhesión a Carranza a pesar de las profundas diferencias que los separaban. Aunque no necesariamente reconocía el Plan de Guadalupe, pues éste sólo ofrecía el restablecimiento del gobierno constitucional, y no entrañaba la implementación de aquellas reformas indispensables que motivaban el verdadero levantamiento de las clases oprimidas. Sin embargo, en ese momento, Villa

---

[31] Este viaje estaba planeado hacerse en tren hasta San Sóstenes, la última estación rumbo a Ojinaga y que se encuentra casi a la mitad del camino, pero los trenes se quedaron sin combustible un poco antes, en un punto denominado La Laguna. Para hacer el camino más ligero, se llevaron consigo lo estrictamente necesario, así que se vieron en la necesidad de quemar miles de municiones. Con escasez de agua, comida y cobijo y bajo los vientos helados y las tormentas de arena, estos hombres, mujeres y niños tuvieron que caminar doce días en condiciones más que lamentables para llegar a la ciudad de Ojinaga.

[32] Adolfo Gilly, *La revolución interrumpida*. Ediciones El Caballito, México, 1971, p. 93.

[33] Martín Luis Guzmán, *Memorias de Pancho Villa*. Editorial Porrúa, México, 2000, p. 154.

[34] Después de su derrota en Sonora en 1915, Villa se despidió de la División del Norte y emprendió una nueva lucha a través de la guerra de guerrillas contra el régimen de Carranza. Los golpes espectaculares que logró en esta etapa fueron difundidos oralmente entre los habitantes de los estados norteños e influyeron de una manera definitiva en el mito.

no tuvo más alternativa, pues Carranza significaba el otro lado del poder al que él no sabía cómo acercarse.[35] Tan drástica era su distancia con la política, que el mito no recoge ese aspecto. No hay lecturas en el mito que hablen de sus habilidades políticas.

Una vez instalado en Chihuahua, empezaron a proliferar editoriales sobre las campañas militares de Villa y sobre su persona y se publicaron sus primeras biografías. Una biografía sobre la vida criminal de Villa que prácticamente recorría todo el decálogo, fue recopilada por el *Boston Transcript* [36] y leída por el Senador Lodge en el congreso de los Estados Unidos;[37] otro tanto hizo Henry Lane Wilson, el ex embajador de Estados Unidos en México.

> El embajador americano Henry Lane Wilson creía que Villa era a menudo culpable de este tipo de violencia. Wilson arregló una reunión de la Academia Americana de Ciencias Sociales y Políticas el 3 de abril de 1914, y le dijo a su audiencia que Villa "tenía a su nombre más de 100 asesinatos" y agregó que Villa "era adicto a cometer asesinatos y saqueos siempre que pudiera".[38]

Todas estas publicaciones sobre los vicios de Villa y la idea de que las clases oprimidas pudieran llegar al poder, influyeron para que un gran sector de todo el país se pusiera alerta y estuviera dispuesto a todo, con tal de evitar que ese "bandido" y sus hombres jamás pudieran gobernar a México. Ésa fue una de las banderas que el general Obregón manejó en su propaganda contra Villa, cosa que hacía cuidadosamente a través de comunicados y declaraciones, tratando de alertar del peligro que se corría si apoyaban a Villa, pues el país quedaría en manos de las chusmas analfabetas y viciosas. El pasado oscuro de Villa sería una carga pesada de la que no se desprendería durante toda su vida. Ya desde 1911, el mismo Orozco se había cuidado de que no lo asociaran con él.

> Orozco veía a Villa [...] con hostilidad, pues para él no era más que un bandido que podía traerle descrédito y conflictos. Lo primero que hizo fue advertirle que el hecho de sumarse a las fuerzas revolucionarias no le serviría de escudo para cometer tropelías, y se negó a que los fotografiaran juntos, como una señal de que no quería que se le relacionara con él.[39]

---

[35] Cuando el poder militar de Villa y el poder político de Carranza llegaron a un equilibrio, ambos buscaron romperlo, Villa con alianzas políticas y Carranza con alianzas militares. Al final, Carranza fue más hábil y pudo inclinar la balanza a su favor hasta derrotar a Villa.

[36] *The Iowa Recorder*, 27 de mayo de 1914.

[37] George Marvin, "Villa", en *World's Work*, 14 de mayo de 1914, p. 270.

[38] Henry lane Wilson, "Errors with reference to Mexico and events that have ocurred there". The annals of the American Academy of Political and Social Science, vol. 54 (July, 1914) p. 153, citado en *The Americas*, volume LI, No. 2, octubre de 1916.

[39] Pedro Siller y Miguel Ángel Berumen, *1911, la batalla de Ciudad Juárez / I. la historia*. Cuadro por Cuadro, Ciudad Juárez, 2003, p. 72.

Todo este sector liderado por las nuevas élites estaba seguro de que Villa era un indigno representante de la raza mexicana y creía en su totalidad las biografías criminales que circulaban sobre su persona. La más influyente de ellas fue sin duda la del reconocido escritor John Kenneth Turner, autor de *México bárbaro*, un libro polémico publicado en 1911, que había dado a conocer en Estados Unidos los abusos del régimen de Díaz. Turner lanzaba ahora un folleto con el título *Quién es Francisco Villa?* con las descripciones más viscerales del general rebelde.

> Este hombre es fornido y huesoso, cabeza de tipo primitivo o primate, ancha hacia los oídos y angosta hacia la corona… la mandíbula enorme y brutal, los ojos pequeños, vidriosos y sospechosos. Cuando su cuerpo está en reposo, los ojos parecen adormilados como los de un paquidermo; y la enorme y sensual boca cuelga, ligeramente abierta impartiendo a la cara una vacuidad y aspecto repugnante… ama la lucha (el derramamiento de la sangre humana).[40]

> Villa ha subido simplemente al poder, por medio del crimen. Valor brutal, fuerza física e incansable, un innegable magnetismo personal y una inteligencia siempre alerta.[41]

Ese tipo de publicaciones fueron definitivas para que se desarrollara con una gran fuerza la parte negativa del mito. Algunos periodistas de la época aseguraban que, en las casas de los ricos, Villa era señalado a los niños como el hombre malo, el "viejo del costal" que se los llevaría si no se portaban bien.

Las publicaciones negativas aumentaron después de que un grupo de soldados villistas atacara Columbus el 9 de marzo de 1916. Por cierto, este mismo hecho impidió que el lado positivo del mito pudiera perpetuarse en los Estados Unidos, con excepción de los lugares donde predominaba la población de origen mexicano.

Sin embargo, es curioso ver cómo, en la guerra de los estereotipos, Villa también empezó a ganar batallas. La idea de que un peón, "bandolero" y sin el mas mínimo grado de instrucción escolar —y además mexicano— estuviera entreteniendo a la mayoría de los lectores de los Estados Unidos, era algo totalmente inimaginable y para muchos inaceptable, así que los periódicos de ese país empezaron a dividirse con respecto a este personaje.

> *Examiner* apareció inseguro en cuanto a la postura de Villa en marzo y abril de 1914 y su ambivalencia fue opacada por la de *Los Angeles Times*, donde se mostró a Villa en status de casi héroe y casi demonio.
>
> La reconciliación de estas opiniones se encuentra en la rígida aplicación de la mexicanidad: no importa qué tan exitoso sea Villa en su campaña, es sólo un mestizo y no

---

[40] John Kenneth Turner, *Quién es Francisco Villa?* Imprenta "El Paso del Norte", El Paso, 1915, p. 2.
[41] *Ibid.*, p. 15.

podrá romper las restricciones de dicho estereotipo. Llenó columnas de elementos heroicos pero entraron en contradicción con la postura de las editoriales al reconocer sólo su inclinación hacia la villanía.[42]

Las victorias de Villa contra los estereotipos se daban en varios frentes, incluso algunos periódicos conservadores empezaron a verlo como el milagro de México. Nada menos William Hearst, dueño de varios periódicos en los Estados Unidos y con muchos intereses económicos en México, tuvo en un principio opiniones muy favorables sobre Pancho Villa, aunque después se convertiría en uno de sus más grandes enemigos:

> El hombre que se ha erguido de entre los demás en el conflicto en México por su poder personal, su capacidad, su magnetismo para mandar y su habilidad para gobernar, es Francisco Villa. Hay muchos hombres en México más cultivados que Villa, muchos mejor educados, muchos más entrenados en servicios diplomáticos y en las finas artes de gobernar. Pero estas cualidades no son las que se requieren... Se necesita una mano fuerte, un propósito determinado, una mente maestra, una experiencia ganada del contacto personal con las masas... Francisco Villa posee estas cualidades como ningún otro hombre en México.[43]

Periodistas decididamente radicales como John Reed, que consideraban a Villa como la revolución misma, escribían sobre las virtudes de la revolución pero al mismo tiempo criticaban las campañas negativas en su contra:

> La valentía estoica, fanática, de los hombres de Villa aparece enseguida en marcado relieve, contra un fondo de incidentes pintorescos, de detalles de horror y de heroísmo que se precipitan ante los ojos del espectador en forma tan poco precisa como la de las columnas rebeldes que marcharon a través de los torbellinos de polvo de las áridas planicies mexicanas.
> A quien ha visto con sus propios ojos la campaña dirigida personalmente contra Torreón, se le impone una sola conclusión, la de que Pancho Villa es la revolución.[44]

Con la polarización de Villa en los medios masivos, muchos periodistas aprovecharon para hablar mal de los mexicanos. *El Paso Morning Times* defendió en más de una ocasión la reputación de los mexicanos contra las opiniones negativas de otros periódicos. La acción asesina atribuida a Villa en algunos periódicos, obviamente no era típica del carácter mexicano, como ellos decían; en todo caso, era típica sólo de algunos mexicanos, pero la mayoría no encajaba en dicho estereotipo. El mismo John

---

[42] Mark C. Anderson, *Pancho Villa's Revolution by Headlines*. University of Oklahoma Press, Norman, USA, 2000, pp. 183-184.

[43] *Ibid.*, p. 192.

[44] *The World*, 12 de abril de 1914, citado en Aurelio de los Reyes, *op.cit.*, p. 270.

Reed, en uno de sus artículos, decía que los mexicanos eran generalmente gente pacífica, con disposición de escapar de la guerra en vez de verse mezclada en ella.

Sorprendentemente, algunos años después del ataque a Columbus todavía se escuchaban voces a favor de Villa. El caso más notorio es el de la dramaturga y periodista Sophie Treadwell, que publicó en el *New York Herald Tribune* una entrevista que le hiciera al general en su retiro en Canutillo. La entrevista concluía con una opinión favorable a Villa:

> Yo, en lo personal, no conozco otro hombre a cuya integridad para proteger y cuyo poder para defender confiaría tanto mi vida o mi dinero. ¡Viva Villa![45]

La cantidad de publicaciones sobre Villa creó también una multiplicidad de versiones prácticamente infinitas.

El resultado fueron varios Villas con todo tipo de caras, errores y excesos. El *Houston Post*, por ejemplo, publicó un artículo sobre Villa y lo representó gráficamente con la foto de Zapata. Otros más aseguraban que Villa era estadounidense y que había peleado en el ejército de ese país en un cuerpo de jinetes, en la guerra contra España en Cuba, razón por la que decían, que era tan buen soldado.

> Doroteo Arango, alias "Pancho Villa", por un tiempo perteneció al histórico cuerpo llamado "Los jinetes rudos" (Rough Riders), organizado por el irreprimible "Teddy el Terrible"; el mismo cuerpo de hombres que fue hasta Cuba y le dio una paliza a los españoles en la batalla de la Colina de San Juan. Aquí revelamos el hecho de que Teddy no fue el único gran hombre en esa histórica batalla, tal como se le ha enseñado a creer a la gente americana, ya que con él estaba el hombre al que hoy conocemos como "Pancho Villa".
>
> Este hombre tiene por oficio la manufactura de monturas, y después de que se disolvió el regimiento de los Jinetes Rudos, se unió a otro regimiento de caballería en el ejército regular, en el cual fue hecho sargento. Prestó servicio en las Islas Filipinas y después estuvo estacionado en Presidio Barracks en San Francisco.[46]

Otras versiones contenían algunas características de la anterior pero agregaban que Villa era de origen negro.

> Se han impreso historias sobre Villa diciendo que es un negro americano y que su verdadero nombre es George Goldsby, que nació en Maryland y se enlistó en la décima caballería, un regimiento de negros, y que en 1882 dejó el servicio y se fue a México para convertirse en un bandido... las características de Villa le dan fuerza a esta

---

[45] Sophie Treadwell, "A Visit to Villa, A Bad Man Not So Bad", en *The New York Herald Tribune*, 28 de agosto de 1921. También se revisaron los manuscritos y las fotografías de dicha entrevista en: Treadwell, Sophie, *Papers. 1860-1970*. University of Arizona Libraries, Dept. of Special Collections.

[46] A. Margo, *Who, Where, and Why is Villa?* Latin Amercian News Association, New York, 1916, p. 5.

historia, ya que tiene rasgos negroides como los labios gruesos, nariz chata y el cabello negro y rizado.[47]

Todas estas versiones se cuidaron de tener por lo menos un pequeño vínculo con el "Villa histórico", algo que les garantizara la conexión con alguna característica notoria del personaje, pero como las versiones fueron tantas y tan distintas, éstas tuvieron que anclarse en las representaciones más generales de Villa. Y que no necesariamente eran históricas, porque para entonces mito y realidad ya se confundían, así que se terminó cayendo de nuevo en el estereotipo original: un ranchero con sombrero de charro y con cananas. Mujeriego, valiente y hasta borracho, y eso que Villa era abstemio total. El grado de corrosión que el mito tuvo en Estados Unidos fue tal, que logró deformar al personaje histórico, volviéndose extremadamente ambiguo.

> Pudiera suponerse que el valor social de un símbolo descansa en la nitidez y precisión de su mensaje. Sin embargo, hay símbolos que cumplen mejor su función mientras más ambiguos son los objetos a los que se refieren, más numerosas sus posibles lecturas, más abundantes sus sentidos ocultos y mayor su ilusoria claridad.[48]

Tal deformación se percibe actualmente, pues son muchos más los que están dispuestos a consumir el mito.

Este fenómeno de la proliferación de versiones se agudizó y se complicó con el asalto a Columbus; sin duda, uno de los hechos que más influyeron para que el mito se perpetuara. El hecho tuvo una gran relevancia por la gravedad del conflicto internacional. Pero, además del hecho mismo, la larga y copiosa cobertura que hicieran los diarios, revistas y noticieros cinematográficos sirvió para alimentar y acrecentar el mito.

> Durante los últimos dos años, ha estado sucediendo en la frontera de Estados Unidos y México, algo que para cualquier intento y propósito es un espectáculo complementario en el que se muestran las más novedosas maravillas del mundo. Nada que se haya visto antes, es absolutamente original, una verdadera creación americana. Sobresalientes escenas son exhibidas: un ejército entero se mantiene pisándole los talones a un hombre, matándolo continuamente, y aun así, este hombre nunca muere.[49]

La cobertura periodística y la presencia prolongada del ejército estadounidense en México aumentaron proporcionalmente la fama del mito. La campaña fue tan larga y tan costosa que, tanto mexicanos como algunos estadounidenses, empezaron a creer que la caza de Pancho Villa sólo era un pretexto para seguir en México. Esta actitud del gobierno de los Estados Unidos parecía dar la razón a los villistas que habían inva-

---

[47] *Lincoln Daily News*, 9 de abril de 1914.

[48] Enrique Florescano (coordinador), *Mitos mexicanos*. Taurus, México, 2001, p.17.

[49] A. Margo, *op. cit.*, p. 3.

dido su territorio y aumentaba la irritación de los connacionales.

Con este conflicto, las fibras nacionalistas de ambos países fueron tocadas hondamente. Un gran sector de mexicanos, tanto los que vivían en México como en Estados Unidos, lo consideró como otro "5 de mayo" mediante el cual se "vengaban" todas las afrentas que el vecino país había hecho a México. Gracias a la invasión a Columbus y a las exitosas tácticas evasivas para burlar al ejército más poderoso del mundo, que llegó a tener más de 10,000 soldados en territorio mexicano, mucha gente en México creyó que Villa era el único hombre capaz de abanderar una lucha para defender el honor de nuestro país en caso de una nueva invasión de un ejército extranjero.

No es casual que Villa, en su discurso de despedida de la División del Norte el 19 de diciembre de 1915, advirtiera de lo que todavía era capaz de hacer el gobierno de Estados Unidos en complicidad con Carranza. En esa ocasión se refirió a las condiciones que había impuesto el presidente Wilson para reconocer diplomáticamente a su gobierno y que él obviamente no había aceptado.

> Entre las condiciones estaban la cesión del territorio de baja California, la concesión por 99 años de una franja del Istmo de Tehuantepec y la prerrogativa de nombrar a los ministros de Guerra, Hacienda y Comunicaciones en el gabinete villista. Villa no dio más detalles. No era necesario. Eran revelaciones en verdad "sensacionales" y todos le creían, todos estaban dispuestos a aceptar la conspiración carrancista y gringa… para ojos perspicaces, estaba anunciando su ataque a Columbus, New Mexico.[50]

En Estados Unidos, el impacto de la invasión también fue mayúsculo, por la insoportable idea de que el representante del estereotipo más negativo los hubiera vencido. Fue un golpe duro a la psicología de superioridad del estadounidense ante su débil vecino.[51] Pero ya desde 1914 se dudaba de tener segura la frontera con México, pues algunos llegaron a considerar a Pancho Villa como una seria amenaza para la seguridad de los Estados Unidos. Después de la invasión de la armada de los Estados Unidos a Veracruz, al mando del almirante Fletcher el 21 de abril de 1914, la ciudad de El Paso se volvió presa de pánico, porque creían que Villa cobraría dicha afrenta.

> El Paso estaba aterrado, colocando artillería al mando del puente internacional y las calles aledañas, así como infantería de Fort Bliss en alerta.[52]

Por otro lado, veteranos corresponsales de guerra de los Estados Unidos estimaban que el ejército de Villa era lo suficientemente fuerte como para que su país considerara como una cosa delicada involucrarse en una guerra contra México. Estas fueron algunas de las declaraciones que hizo uno de ellos cuando vio en una película

---

[50] Jorge Aguilar Mora, *op. cit.*, p. 119.

[51] Ese aspecto siguió siendo explotado por algunas películas de ficción. En el cartel de la película *Pancho Villa* de Gene Martin, se puede leer: "Pancho Villa, el único hombre que ha invadido a Estados Unidos".

[52] George Marvin, "Villa", en *World's Work*, 14 de mayo de 1914, p. 276.

acciones reales de la División del Norte en la batalla de Torreón.

"¡Por Dios!", exclamó, estas vistas son verdaderas. No hay simulación. La coordinación mostrada por las fuerzas constitucionalistas en la reunión y manejo de las tres ramas de su ejército —la caballería, la infantería y la artillería— me ha sorprendido. Creí que los constitucionalistas eran una banda desordenada de guerrilleros, pero estas tomas me han sacado de mi error... Esta película servirá al menos para una cosa. Desvanecerá la idea que tienen la mayoría de los norteamericanos de que la invasión de México sería una vacacioncita para nuestros soldados, semejante a la de la guerra con España. Estas tomas enseñan que Villa está equipado con moderna artillería de campaña francesa de 75 y 80 milímetros y con ametralladoras automáticas Hotchkiss y Colt capaces de disparar 30 balas por segundo.[53]

El evento de Columbus y la propia invasión del ejército estadounidense en México, que tuvo prácticamente sólo notas negativas en los periódicos, supo encontrar en los pueblos de los estados norteños de México el eco del sentimiento nacionalista, gracias al poder de la tradición oral. Lo que probaba de nueva cuenta que si ciertos valores y tradiciones son inherentes a la idiosincrasia de un pueblo, éste buscará la forma y los canales para que sobrevivan.

En México, la influencia de los medios masivos en el mito fue muy pequeña, dado que el periodismo se ejercía con las restricciones propias de la guerra y era común que los periódicos estuvieran involucrados con alguna de las partes del conflicto. En algunas zonas, las prensas habían cerrado y la circulación de los diarios era sumamente complicada. Cuando comparamos la cobertura que habían hecho los periódicos mexicanos y los estadounidenses, vimos que en los Estados Unidos la cantidad de títulos era mucho más alta y con un tiraje mucho más grande. Además, en México una buena parte de los periódicos eran contrarios a Villa, pues las zonas donde se encontraban algunos de los principales, estaban ocupadas por los federales. No fue sino hasta abril de 1914 que se fundó en Chihuahua el periódico *Vida Nueva,* un diario que garantizaba una propaganda segura a favor de la causa villista. El periódico mantuvo su influencia primordialmente en los territorios dominados por la División del Norte y mientras las facciones de los constitucionalistas no se dividieron, circuló en casi todos los territorios ocupados por éstos. La circulación de los diarios nacionales en estas zonas se vio afectada también por otro factor externo, debido a que los periódicos paseños *El Paso Morning Times* y *El Paso Herald,* con una gran experiencia en asuntos de guerra y con un sólido conocimiento de la zona, tenían una presencia significativa. Además, el primero de ellos tenía una sección en español que lo hacía especialmente atractivo.

La gran cobertura periodística en Estados Unidos, en contraste con la de

---

[53] Aurelio de los Reyes, *op. cit.*, p. 172. Levington Comfort, que fue corresponsal de guerra en Manchuria en 1904, vio la película *La vida del general Villa* en el teatro Liric de Nueva York y, cuando acabó la función, le comentó al señor Harry E. Aitken, presidente de la Mutual, que estaba sumamente impresionado con el ejército villista.

México, explica en parte por qué las imágenes de Pancho Villa regresaron de Estados Unidos a México, como nuevas representaciones del mito, prácticamente sin encontrar resistencia. Lo que hicieron los periódicos estadounidenses fue "comprar" en México toda la información relacionada con las hazañas y "aventuras" de Pancho Villa (materia prima barata). Después se encargaron de transformar o deformar esa información de acuerdo a las necesidades de sus consumidores y de una forma procesada lo pusieron de nuevo en circulación, a través de historias, en millones de ejemplares de diarios y revistas, millones de tarjetas postales y miles de entradas para películas (producto terminado) obteniendo jugosas ganancias en el mercado estadounidense. Básicamente, de estos productos, los que cruzaron en demasía hacia el sur de la frontera fueron las fotografías, las cuales empezaron siendo publicadas por algunas revistas ilustradas de la capital mexicana y posteriormente fueron reproducidas por compañías de postales en todo México. El regreso de estas imágenes se puede observar en periódicos mexicanos desde mediados de 1914. El 21 de julio, *La Semana Ilustrada*, con una gran aceptación en México, empezó a publicar fotografías de Villa hechas por estadounidenses, incluyendo la fotografía que ya para entonces era la predilecta de los periódicos estadounidenses y con la que ya se empezaba a identificar al mito.

Sin embargo, las versiones del mito producidas en Estados Unidos no podían cumplir cabalmente con las expectativas de muchos mexicanos, pues éstas no mostraban las aspiraciones sociales de la lucha de Villa. En cambio, en México la tradición oral se encargó de agregar en sus distintas versiones esos aspectos, inclusive en la etapa de la guerra de guerrillas que Villa sostuvo contra Carranza hasta 1919 y que prácticamente había pasado inadvertida para los periódicos. El que no se publicaran ciertos aspectos de Villa no implicaba que el mito no pudiera incorporarlos por medio de la tradición oral, pues para los grupos más desprotegidos de Chihuahua, Durango y Coahuila, la última etapa de la lucha de Villa era una llama viva que les recordaba que mientras existiera injusticia en México, él seguiría peleando. Esa incansable actitud guerrera de Villa se siguió comentando de boca en boca y ha persistido hasta nuestros días.

El mito se pudo desarrollar con gran furor gracias a lo que significaba Villa en sí mismo y a su espléndida carrera militar, pero sobre todo porque se estaba dando en México, un país eminentemente paradójico y fantástico.

Como la mayoría de los personajes históricos del siglo XX, Pancho Villa fue conocido principalmente por los relatos que proliferaron y perduraron gracias a la tradición oral y las imágenes, dos importantes factores en la generación y transmisión de mitos. En ese sentido, el mito de Pancho Villa se convirtió en un eslabón "real" en la construcción de imaginarios que dominaron en México y Estados Unidos que, aunque provisionales, influyeron en las nuevas percepciones que las personas de ambos países adquirieron sobre la Revolución Mexicana.

La historia de una fotografía

Actualmente todas las versiones del mito de Villa pueden ser relacionadas con una misma fotografía, aun cuando en los contenidos de dichas versiones se observen profundas diferencias. En México y en Estados Unidos se puede utilizar la misma imagen para representar al Villa justiciero que la que se usa para representar al Villa criminal y bandolero.

La fotografía más famosa de Pancho Villa, donde se le ve cabalgando al frente de sus hombres, se convirtió a pricipios de 1914 en un icono "universal" (ver página 54) y representaba inequívocamente la imagen de un guerrero invencible, sin embargo perdió ese valor referencial en menos de dos años, cuando el poder militar del general Villa se vino abajo. Eso muestra que el valor de representación de las fotografías es subjetivo y su universalidad relativa. La fotografía adquiere su poder referencial cuando se da una afortunada combinación entre sus propias virtudes, las circunstancias políticas y la manera en que se difunde. Ciertamente, la fotografía alcanza su grandeza cuando, a pesar de su carácter fugaz y circustancial, capta el momento preciso de un suceso histórico, pero no es sino hasta su publicación que se incorpora a la memoria colectiva y puede influir en la construcción de los imaginarios.

Por ejemplo, la famosa fotografía del Che Guevara: "Guerrillero heroico", de Alberto Korda, tomada en La Habana en marzo de 1960, fue rechazada por el periódico para el que trabajaba el fotógrafo en Cuba. Fue publicada por primera vez en el periódico *Revolución* hasta el 15 de abril de 1961, casualmente un día antes de la invasión de Bahía de Cochinos, un hecho especialmente importante en la memoria colectiva de los habitantes de la nación caribeña y que a la postre sería uno de los motores de la defensa de la Revolución Cubana. La publicación de la fotografía en ese contexto permitió que fuera recordada por los cubanos, fue como una especie de conexión gráfica con ese suceso. Sin embargo eso no fue suficiente para que la fotografía adquiriera el poder referencial que todos conocemos. Tuvo que esperar seis años más. Korda regaló al editor italiano Giangiacomo Feltrinelli la fotografía y éste la publicó en forma de cartel cuando se supo de la muerte del Che en 1967, es decir, cuando el guerrillero se empezó a convertir en mito. Feltrinelli vendió un millón de copias en seis meses.[55] La fotografía se convirtió en el icono del guerrillero y a partir de entonces se identificaría con él toda la generación del 68.

Las virtudes de la fotografía por sí solas no convierten en icono a una imagen,

---

[55] Carlos Bastón, "La fotografía más famosa del Che", Radio Habana Cuba, septiembre de 2002, en http://www.rhc.cu/espanol/cultura/fotografia/teoricos/fotoche.htm. Véase también Fernando Diego García, Óscar Sola y Matilde Sánchez, *Che, sueño rebelde*. Diana, México, 1997, pp. 196-199.

pues de ser así, la fotografía del Che se hubiera convertido en lo que es desde 1960.

El mito de Villa tuvo la peculiaridad de que se originó cuando el personaje aún estaba vivo; eso es una característica adicional que complica todavía más el papel icónico de cualquier fotografía, dado que su poder referencial se vuelve sumamente perecedero, pues éste depende directamente de la evolución del personaje y de los acontecimientos políticos y militares que lo rodean. Por esa razón, el mito de Villa se valió de distintas representaciones que respondían a los diferentes momentos y circunstancias por los que atravesaba el personaje histórico. A pesar de ello, hubo una fotografía que pudo sobresalir de entre las otras y sirvió para representar más veces a este personaje y sigue siendo considerada como la mejor y más famosa fotografía del general mexicano.

El 5 de agosto de 1923, El *Dallas Morning News* publicó un artículo sobre la muerte de Villa que incluía esa fotografía, con un encabezado que decía: "Probablemente la mejor fotografía jamás tomada de Pancho Villa". El encabezado en sí mismo implica una reflexión sobre la imagen y su pie de foto es el antecedente más temprano que conocemos sobre la importancia que alguien le concedió a esa fotografía.

La apuesta de *Leslie's* por Villa, en la navidad de 1913, no había sido un accidente. Splitstone, el editor de la revista, había seguido muy atento todas las producciones fotográficas y cinematográficas sobre México; incluso él mismo viajó a nuestro país para hacer un reportaje sobre Villa. Así mismo, estuvo atento al documental que la Mutual Film Corporation de Nueva York había hecho sobre la campaña de Villa en Ojinaga. El 22 de enero de 1914, acudió a la exhibición privada que la compañía cinematográfica organizó en Nueva York para la premier de dicho documental. En este evento también se mostraron imágenes tomadas por fotógrafos de cámara fija contratados por la Mutual para la misma campaña; entre éstas, estaba la famosa fotografía donde Villa aparece cabalgando hacia la cámara al frente de una columna de su ejército. Ésta y otras fotografías fueron ofrecidas a los editores de los periódicos que se hallaban representados en el evento y, al parecer, como se desprende de la revisión que hicimos de las publicaciones, los primeros en adquirirlas fueron los semanarios *Leslie's* y *Collier's*, quienes las publicaron el 5 y 7 de febrero de 1914 respectivamente.

Por las reseñas de los periódicos de esos días pudimos corroborar que la fotografía en cuestión correspondía a una imagen de una secuencia del primer rollo de la película. La propia revisión que hicimos de lo que queda de la secuencia cinematográfica,[56] así como una serie de fotografías fijas, nos permitió establecer que la famosa fotografía de Villa, efectivamente, pertenece a la misma secuencia de la película y que por lo tanto se tomó durante la campaña de Ojinaga. Esa certeza resultó ser de gran ayuda, pues siendo la película un evento más conocido teníamos más posibilidades de fecharla y, por lo tanto, también a la fotografía.

Splitstone tal vez nunca se imaginó que estaba poniendo en circulación la que habría de convertirse en la fotografía más famosa de Pancho Villa. Esta imagen relampagueante logró en el momento de su publicación ser un signo amplificado de los

---

[56] Ese material se encuentra en la filmoteca de la Universidad Nacional Autónoma de México.

atributos del jefe de la División del Norte y una representación universal del mito, convirtiéndose al mismo tiempo en su presa.

La fotografía es atribuida a John Davidson Wheelan,[57] uno de los dos fotógrafos de cámara fija que la Mutual contrató para la campaña de Ojinaga.

La referencia y el punto de partida para ubicar la fecha y las circunstancias en la que se tomó esta fotografía es la misma película que la Mutual filmó sobre la campaña de Villa en Ojinaga, así que tratamos de averiguar cuándo y cómo sucedió dicho evento.

A finales de diciembre de 1913, Villa se encontraba en Ciudad Juárez, a donde había acudido a pasar el año nuevo en compañía de su esposa, Luz Corral, y su familia. También estaba ahí para tratar otros asuntos diversos; entre ellos, la negociación y firma de un contrato con la productora cinematográfica Mutual Film para que filmaran en exclusiva sus batallas. La copia del contrato que revisamos[58] sobre dichas filmaciones está fechado el 5 de enero, pero no está firmado, lo que nos hace suponer que ésa era la fecha tentativa para llevarlo a cabo. Sin embargo, sabemos por el propio Harry E. Aitken, dueño de la Mutual, que dicha firma se llevó a cabo el día 3 de enero.[59] Además, sabemos que Villa salió de Ciudad Juárez rumbo a Chihuahua el día 4 del mismo mes.[60] Y aunque ciertamente el general de la División del Norte no tenía que firmar el contrato,[61] sí necesitaba que éste se materializara, pues de otra forma no podría recibir el anticipo pactado. Por esos días, el ejército de Villa había fracasado en su intento por tomar Ojinaga y, debido a esa situación, algunos de sus jefes amenazaron con retirarse del campo de batalla, por lo que Villa decidió ir personalmente allí para reorganizar sus fuerzas y preparar un nuevo ataque, pues sabía que para tener una campaña exitosa sobre Torreón y Zacatecas era indispensable eliminar por completo al ejército federal en Chihuahua. Creemos que ésa fue la razón por la que se adelantó la fecha de la firma del contrato, algo que además convenía a ambas partes, ya que Villa cobraría el anticipo y la compañía podría comenzar de inmediato las filmaciones.

La reseña que el *New York Sun* publicó sobre la película nos sugiere que, tanto la fotografía como la filmación, se tomaron antes del combate, ya que las escenas que describe hablan de cuando Villa se preparaba para la batalla.

> En la pantalla, el pequeño auditorio vio a Villa a la cabeza de sus tropas al prepararse para la batalla. Quizás el ejército de Villa no fuese grande, pero las tomas de hombres montados que cabalgaban juntos por la amplia llanura en fila india, de dos y tres en fondo, para pasar ante las cámaras, hicieron que la fuerza rebelde pareciese ser de considerable magnitud.[62]

[57] Además de formar parte de la colección "John Davidson Wheelan", la fotografía coincide con el formato y el estilo del resto de las fotografías que tomó este fotógrafo, lo que da aún más certeza sobre su autoría.

[58] Archivo del licenciado Federico González Garza, en el Centro de Estudios de Historia de México de CONDUMEX, fondo CMXV, carpeta 31, legajo 3057.

[59] *New York Times*, 7 de enero de 1914.

[60] *El Paso Times*, 5 de enero de 1914.

[61] Por parte de Villa, el contrato fue firmado por Eugenio Aguirre Benavides y Gunther Lessing.

[62] *The New York Sun*, 23 de enero de 1914.

Desde el día 9 de enero se supo en los tres campamentos rebeldes: La Mula, El Mulato y San Juan que la batalla comenzaría al anochecer del día 10; por lo tanto, los fotógrafos de la Mutual comprendieron que no podrían filmarla y como nadie podía garantizar a Frank Thayer, representante de la Mutual, que Villa saldría vivo de los combates, consideró una prioridad filmarlo antes y así asegurar algunas secuencias del jefe rebelde al frente de su ejército. Este razonamiento concuerda con la versión del *New York Sun*, sobre todo si tomamos en cuenta que la obligación de Thayer era asegurarse de que se filmara a Villa: era la única forma de garantizar el éxito de su negocio. Además, es muy probable que sus jefes no le perdonarían que Villa muriera sin haber desquitado ni uno solo de los 25,000 dólares que le habían dado como anticipo. Eso también nos hace suponer que tanto la película como la fotografía se registraron antes de la batalla, y por ende, en un lugar distinto a Ojinaga. La información que se desprende del estudio de las fotografías nos hace suponer que las imágenes se pudieron haber tomado en La Mula, que se encuentra a 35 kms. al sur de la ciudad fronteriza, puesto que ahí se encontraba el general José Rodríguez, pues curiosamente es el único oficial de alto rango que aparece en la película y la famosa fotografía.

Casi todas las versiones coinciden en que cuando Villa llegó a La Mula proveniente de Chihuahua el 8 de mayo, acompañado por sus generales, ya lo esperaban allí Martiniano Servín, jefe de la artillería y el general José Rodríguez, comandante de ese campamento. Las fuentes también coinciden en que Villa se trasladó con una pequeña escolta que le permitió desplazarse con rapidez hasta la hacienda de San Juan, que se encuentra al oeste de Ojinaga, para conferenciar con sus generales Toribio Ortega y Pánfilo Natera. Mientras tanto, los generales Herrera y Hernández, que se habían quedado en La Mula, se desplazaron al este, a una ranchería llamada El Mulato, a un lado del Río Bravo, para completar el cerco a la ciudad fronteriza. Villa regresó el día 10 a La Mula para dirigir desde allí el ataque junto con los generales Servín y Rodríguez.

Existen por lo menos 6 fotografías que están en secuencia con la que estudiamos y en todas ellas sólo aparece José Rodríguez como único militar de alto rango. En algunas de ellas, incluyendo la secuencia de 8 segundos que aún existe en cine, podemos observar que Villa pasa revista a una parte de su tropa en la que se distingue la artillería, que dirigía Servín. Estas dos coincidencias nos sugieren que las imágenes se pudieron haber tomado en La Mula y no en Ojinaga, como suponen otros investigadores. Otro dato que abona a esta hipótesis es que todas las fotografías de esta secuencia son de la Mutual, cuyos camarógrafos eran los únicos que conocían la posición exacta y, por lo tanto, los únicos también que podían tener acceso al general Villa antes de que tomara Ojinaga.

Independientemente de las circunstancias y el lugar preciso en el que se concibió esta fotografía, su registro y su publicación se realizaron en una coyuntura política inmejorabale: con la victoria de Ojinaga, Villa se apoderó completamente del

Parte dos

Pancho Villa visto por sus contemporáneos

Los ojos de Villa son realmente excepcionales. Tienen toda la intensidad de los profundos ojos negros, pero son ligeramente sobresalientes, cafés y pequeños. Prominentes y ardientes, dan la impresión de un vehemente poder concentrado a punto de estallar.

Sophie Treadwell

Villa era un típico jefe bandido... temerario y con excelente puntería. Dominaba absolutamente a sus hombres. Se enojaba fácilmente y nunca perdonaba a un hombre que lo insultaba.

Lincoln Daily News, 9 de abril de 1914

Tiene la apariencia física que poseen los grandes hombres de acción: era de altura media, complexión robusta, con una cara más bien algo pesada (ojos cafés, bigote y una boca fea con dientes irregulares completan el cuadro).

Rogers Taylor

Demasiado alto para ser mexicano (1.76 mts.)... se movía con la gracia y la seguridad de un felino. Su cara de luna tenía lo impasible del indio, pero sus profundos ojos café oscuro eran de serpiente y hacían su expresión simplemente flemática.

Edward Larocque Tinker

Las cualidades de Villa como General, pueden ser perfectamente resumidas por la agresividad, la tenacidad, y lo que comúnmente se conoce como "un buen olfato, una aguda intuición".

Rogers Taylor

Es de personalidad magnética, ingenioso, hábil y precavido. Tiene algo de la capacidad de "Stonewall" Jackson para conducir a sus hombres a marchas forzadas y aparecer súbitamente en el lugar inesperado, dando un ataque efectivo, para después desaparecer completamente solo, para escuchar otra vez de él una semana después a millas de distancia haciendo más daño.

The Daily Picayune, 12 de diciembre de 1913

Adora a su caballo, es muy considerado con él, probablemente debido a que los caballos lo han ayudado tantas veces a escapar de situaciones difíciles… Nunca es tan feliz como cuando ejecuta acrobacias ecuestres o asiste a una pelea de gallos, una de sus diversiones preferidas.

Carlos E. Husk

Villa es antropológicamente, zoológicamente, digno de que uno vaya a conocerlo... Es sobrio, no fuma, no bebe; su pasión se reduce a tres palabras: armas, mujeres y gallos.

Brondo E. Whitt

Villa tenía los más grandes ojos cafés que he visto. Parecía que la mismísima alma del bandido se reflejaba en esos ojos. Cuando estaba feliz o complacido, casi bailaban; pero cuando estaba enfadado parecían albercas líquidas de fuego.

C. J. Kaho

Los movimientos de sus piernas son torpes —siempre anduvo a caballo— pero los de sus manos y brazos son extraordinariamente sencillos, graciosos y directos. Se parecen al movimiento de un lobo. Es un hombre aterrador —ninguno de sus hombres se atreve a cuestionar sus órdenes—.

John Reed

*Pancho Villa es hombre feroz, hombre animal de las edades llamadas cuaternarias...
lo ilumina Felipe Ángeles con sus luces engañosas de militar criado bajo el porfirismo.*

Doctor Atl

No creo que jamás haya condenado a muerte a un hombre que no lo merecía. Pienso que siempre que ordenó una ejecución lo hizo con la creencia patriótica de que se estaba deshaciendo de un traidor para el país. Debemos recordar que hay una verdadera guerra llevándose a cabo en México y que los juicios marciales son parte del infierno de la guerra.

W. H. Durborough

Muy atractivo y varonil, muy apuesto y erguido. Su piel clara, tostada por el sol, hacía resaltar dos cosas: el brillo de sus dientes algo manchados, como los de todos en Durango, pero bonitos, parejitos, bajo la espesura de su bigote castaño rojizo, y sus ojos color miel.

Luz Corral

GRAL. FRANCISCO VILLA.   12.

Sentía una verdadera pasión por las escuelas y estableció cincuenta planteles de educación en la ciudad. Hizo que el ejército hiciera funcionar los tranvías, la planta de luz eléctrica, los teléfonos y el agua potable. Instaló molinos de harina y mataderos de ganado. Cerró las cantinas e hizo fusilar a uno de sus propios soldados cuando lo encontró en estado de ebriedad.

New York Times, julio, 1923

Muchos que lo conocen bien dicen que ningún hombre puede ver a los ojos a Villa por muchos segundos, y estoy de acuerdo con ellos. Hay algo peculiar en su expresión que te causa algo de nerviosismo cuando te mira fijamente. Parece que sus ojos te perforan. Le atribuyo esto a su naturaleza intrépida, ya que él permanece total y absolutamente sin miedo.

W. H. Durborough

Villa, formidable impulso ciego, capaz de los extremos peores, aunque justiciero, y sólo iluminado por el tenue rayo de luz que se colocaba en el alma a través de un resquicio moral casi imperceptible.

Martín Luis Guzmán

Estaba totalmente consciente de sus propias deficiencias e incluso en la cima de su poder no tuvo aspiraciones a la presidencia, sabiendo bien que no podría mantenerse en dicha posición. Pero la quería para Felipe Ángeles, quien pudo haber cambiado la historia entera de México.

Hugh Scott

Es usted el jefe y caudillo de la Revolución. Sea usted el caudillo de la Patria.
Comprenda que México necesita de usted; que todas las fuerzas a sus órdenes
formarían una formidable división de soldados que lucharían por la libertad
nacional y usted sería una de las más grandes figuras de la historia (a
propósito de la invasión de Estados Unidos a Veracruz en 1914).

Marcelo Caraveo

El general Villa era un hombre que tenía un don de predominio que imponía. No se por qué, eso era natural en él, era un don innato. Tenía una inteligencia natural no común y el don de poder captar el pensamiento de otras personas y formarse un concepto intuitivo de ellas.

Francisco Piñón

Los laureles y la gloria conquistados en la lucha, no ofuscan su cerebro, ni envanecen su corazón. El héroe es el mismo. Siempre humilde, siempre sencillo y sin ambiciones bastardas. Su lema es, "todo por la Patria y para la Patria" y jamás sacrificaría en aras de su ambición personal, sus caros intereses.

Toribio Ortega

Hay ferocidad en su carácter, pero también hay bondad. Villa es bueno por demás, dicen sus amigos... a Villa lo han hecho malo las circunstancias, los hombres y las injusticias.

Felipe Ángeles

Apreciaba mucho la educación y exigía que todos los niños de la hacienda asistieran a la escuela. Él mismo estudiaba economía y agricultura, a pesar de que no aprendió a leer hasta los veinticinco años de edad.

Carl A. Beers

Aun en el campo, entre cientos de hombres que iban a morir por él, Villa no confiaba en nadie… viajando a la mitad de la noche con un solo compañero fiel, a quien luego despedía, para cabalgar solo hasta el amanecer.

John Reed

Pancho Villa, el más osado y poderoso mexicano que produjo esta era, cuyo nombre y hechos vivirán por siglos venideros después de que se haya ido.

Alberta Claire

Villa es un tipo extraordinario que analizado a la luz de sus hechos particulares, simboliza el pujante valor de la raza hispanoamericana… Un gran intuitivo; una actividad inigualada; un talento natural que corría parejo con su incultura; una cualidad de caudillo pocas veces superada.

Juan Barragán

El inicio

Jim Alexander. Francisco Villa se incorporó a la revolución maderista por instancias de Abraham González, quien dio sentido a su furia y le mostró las metas de la revolución. Campamento maderista afuera de Ciudad Juárez, abril de 1911.

Ésta es la fotografía más representativa de Villa, de su primera época como revolucionario. Madero fue duramente criticado por aceptar en su ejército a un bandolero, pero él sabía perfectamente que gente, como él, que no le temían a Dios ni a los hombres ni al diablo, eran los únicos que podían llevar a la práctica una revolución armada. Campamento maderista afuera de Ciudad Juárez, abril de 1911.

En una ceremonia que se llevó a cabo en el campamento revolucionario en las afueras de Ciudad Juárez, a sólo unos metros del Río Bravo, Francisco Villa recibió el grado de coronel de manos de Francisco I. Madero, ante la mirada de aproximadamente mil correligionarios y casi dos mil "espectadores" que vieron el evento en ambos lados de la frontera. En esa misma ceremonia, Pascual Orozco recibió el grado de general brigadier. De izquierda a derecha vemos a: Elías de los Ríos, Francisco I. Madero, Federico González Garza, Pascual Orozco, Giuseppe Garibaldi, Francisco Villa, José de la Luz Blanco (atrás de Villa), Silvestre Terrazas y Raúl Madero. 26 de abril de 1911.

Para las negociaciones de paz con el gobierno de Porfirio Díaz, Madero mandó reunir a su consejo militar y político. En la fotografía vemos a los miembros de dicho consejo; entre ellos, a Villa (parado al extremo izquierdo) que ya jugaba un papel importante desde los primeros días de la revolución. La fotografía se tomó afuera de la Casa de Adobe, sede de la comandancia del Ejército Libertador, el 30 de abril de 1911.

James Hare. Villa permanece atento, en la ceremonia de abanderamiento que hace Madero a las fuerzas del Ejército Libertador, a unos metros del Río Bravo. Junto a él vemos a Roque González Garza, Raúl Madero, Pascual Orozco, José de la Luz Blanco y Juan Dozal. 5 de mayo de 1911.

James Hare. Una vez que Ciudad Juárez cayó en manos de los revolucionarios, Pancho Villa fue en busca de Francisco I. Madero para escoltarlo hacia el cuartel federal, donde el resto de sus oficiales lo esperaba para hacerle entrega formal de la plaza. Los acompaña Abraham González (10 de mayo de 1911). Esta victoria desembocó en la renuncia del dictador Porfirio Díaz y, tras las elecciones generales, Madero asumió la presidencia de la república.

Despúes de la victoria revolucionaria, Villa y Orozco se presentaron en las oficinas de Madero para exigirle: juicio al general Navarro por crímenes de guerra, destitución de los miembros del gabinete provisional, nombramiento de nuevos ministros, así como pago y comida para sus soldados. Durante la discusión arrestaron a Madero, quien al final se impuso sobre ambos. Éste fue un aviso del grave conflicto que se avecinaba entre Madero y Orozco. Villa se arrepintió de lo sucedido y en adelante le fue fiel a Madero. Aquí vemos a los jóvenes revolucionarios posando en la que tal vez fuera su última fotografía juntos. Confitería Elite, en El Paso, después de la toma de Ciudad Juárez. Mayo de 1911.

La Rochester. En 1912, Villa fue requerido por el presidente Francisco I. Madero para combatir la rebelión encabezada por Orozco en Chihuahua y le pidió que se incorporara a las fuerzas federales a cargo de Victoriano Huerta.

La Rochester. La participación de Villa en el combate a los orozquistas le acarreó un odio a muerte de este grupo. Esa rivalidad siguió viva durante la revolución constitucionalista en 1913 pues, irónicamente, Orozco y sus hombres apoyaron a Victoriano Huerta cuando éste dio un golpe de estado al gobierno de Madero. Pancho Villa y el General Trucy Aubert. 1912.

Pelear al lado de militares de carrera le permitió a Villa aprender el uso de la artillería pesada y las tácticas de colegio. Este hecho fue muy valioso para Villa cuando en 1913 combatió a esas mismas fuerzas que apoyaban al gobierno ilegítimo de Huerta. Aquí vemos a Villa (a caballo) y a Huerta (de espaldas) durante la campaña contra Orozco. 1912.

Tras haberse librado del pelotón de fusilamiento después de que Victoriano Huerta lo acusara injustamente de insubordinación y robo, Villa fue enviado a la penitenciaría de la Ciudad de México en calidad de procesado. Ingresó al penal los primeros días de junio de 1912, se escapó el 26 de diciembre y se refugió en El Paso, Texas. El 6 de marzo entró de nuevo a México para combatir a Huerta.

De Ciudad Juárez a Ojinaga

Mediante una hazaña militar planeada con increíble rapidez y bajo una estricta disciplina, Pancho Villa tomó Ciudad Juárez el 15 de noviembre de 1913. Este hecho tuvo trascendencia internacional y colocó a Villa, literalmente de la noche a la mañana, en una posición envidiable, convirtiéndolo en una de las cabezas más notorias de la lucha contra el gobierno ilegítimo de Huerta. El general Villa y Rodolfo Fierro con un grupo de simpatizantes afuera de la Aduana Fronteriza, después de la toma de la ciudad fronteriza.

Alexander & Green. Villa, con un gran número de sus hombres, se introdujo en un tren del ejército federal hasta el corazón de Ciudad Juárez, tomándola por sorpresa en sólo dos horas. Aquí lo vemos en la estación del ferrocarril de Ciudad Juárez.

Alexander & Green. La toma de Ciudad Juárez no sólo significó la reivindicación del liderazgo de Villa al frente de la División del Norte, sino que mostró además, dentro y fuera de México, las posibilidades reales del triunfo revolucionario. Pancho Villa junto a Toribio Ortega, uno de los principales generales del ejército villista. Noviembre de 1913.

Walter Horne. El general Mercado, que se encontraba al frente del ejército federal en Chihuahua, estaba decidido a frenar la carrera ascendente de Villa y junto con las fuerzas de los generales irregulares Orozco, Salazar y Caraveo se dirigió al norte del estado para tratar de recuperar la plaza fronteriza. En la imagen vemos a Rodolfo Fierro, Pancho Villa, Toribio Ortega y Juan Medina. Ciudad Juárez, noviembre de 1913.

Otis Aultman. Villa (tercero de izquierda a derecha) y su ejército se dirigen a la estación Mesa, cerca de Tierra Blanca, a unos 31 kilómetros al sur de Ciudad Juárez, justo en la transición de los terrenos arenosos y los de tierra dura. Villa distribuyó a parte de sus tropas precisamente en la zona de tierra dura para que, inevitablemente, sus enemigos quedaran frente a ellos en la zona arenosa, con lo que se dificultarían sus maniobras. Noviembre de 1913.

Otis Aultman. La línea de combate se extendió aproximadamente 12 kilómetros. Era la primera batalla frontal de Villa; no había hecho nada parecido hasta entonces. Estos inmensos llanos ponían a los soldados de ambos ejércitos en una lucha frente a frente. Villa, Fierro y el resto de sus oficiales llegando a la estación Mesa. Noviembre de 1913.

Otis Aultman. Villa tuvo que sujetarse a las estrategias de la guerra formal que incluye la combinación de las tres armas: infantería, caballería y artillería. El combate de Tierra Blanca culminó el 25 de noviembre con una estrepitosa derrota del ejército federal y con un impresionante botín de guerra para la División del Norte. En esta batalla combatieron cerca de 12,000 hombres. En la imagen vemos un impresionante despliegue de artillería y caballería villistas. Noviembre de 1913.

Otis Aultman. Esta batalla significó el primer apunte táctico de lo que serían las siguientes campañas de Villa: reconocimientos preliminares, distribución ordenada de las tropas, elección de posiciones, establecimiento meditado de la artillería para apoyar el avance de las otras armas, elección de diferentes frentes de ataque, fuerzas de reserva y el uso de brigadas sanitarias. Villa supervisa los últimos detalles antes de la batalla; aquí lo vemos en el techo de un vagón donde descansan algunos de sus hombres. Noviembre de 1913.

Otis Aultman. El general Villa parece gozar haciendo de fotógrafo: porta la cámara Graflex de W. H. Durborough (a su lado), quien cubrió la campaña de Tierra Blanca para el *Santa Fe New Mexican*. Noviembre de 1913.

Otis Aultman. Con la derrota de Tierra Blanca, prácticamente quedaba sellada la suerte del ejército federal en Chihuahua; el propio general Mercado reconoció haber perdido a más de 1,000 hombres, entre muertos y heridos. Villa y Trinidad Rodríguez en espera de la batalla. Noviembre de 1913.

Otis Aultman. La fama que alcanzó Villa con las batallas de Ciudad Juárez y Tierra Blanca, confirmó su liderazgo en la revolución constitucionalista y despertó un miedo supersticioso entre sus adversarios. Los últimos días de noviembre, el general Mercado y el resto de sus hombres, así como las fuerzas irregulares y cientos de civiles, salieron despavoridos de la ciudad de Chihuahua con destino a Ojinaga. Villa dirige la colocación de la artillería para la batalla de Tierra Blanca. Noviembre de 1913.

John Davidson Wheelan. La División del Norte ocupó la ciudad de Chihuahua el 8 de diciembre de 1913. A pesar de la llegada de grandes contingentes del ejército villista, la ciudad de Chihuahua se mantuvo en relativa calma gracias a la estricta disciplina que impuso Villa entre sus hombres, quienes sabían que pagarían incluso con la vida si se les sorprendía participando en desmanes y saqueos. Soldados de la División del Norte desfilando por el Paseo Bolívar en la capital del estado. Diciembre de 1913.

John Davidson Wheelan. La catedral de Chihuahua lucía como una joya durante esos días turbulentos.

John Davidson Wheelan. Villa fue nombrado gobernador provisional del estado de Chihuahua, pero dimitió en favor de Manuel Chao a petición de Carranza. Aquí lo vemos con Rodolfo Fierro. 1914.

John Davidson Wheelan. A pesar de que había dejado la gubernatura, Villa seguía mandando en Chihuahua. Aquí lo vemos llegando a la estación del ferrocarril en la capital del estado. Enero de 1914.

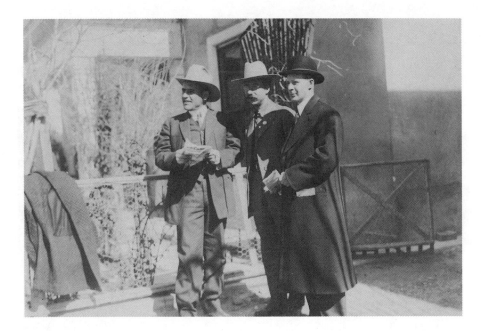

John Davidson Wheelan. El 3 de enero de 1914, Eugenio Aguirre Benavides (de lentes) y Gunther Lessing (de traje oscuro) firmaron en representación de Villa un contrato con la Mutual Film Corporation de Nueva York, para que filmara las batallas del general rebelde. La fotografía se tomó afuera de la casa de Villa en Ciudad Juárez, donde se supone que se firmó el contrato.

John Davidson Wheelan. H. S. Martin (primero de izquierda a derecha) y H. M. Dean (cuarto), camarógrafos de la Mutual, a su llegada a Ciudad Juárez. Enero de 1914.

Otis Aultman. La batalla de Ojinaga se llevó a cabo la noche del 10 de enero de 1914. La falta de luz impidió que los camarógrafos filmaran la batalla, pero hicieron algunas tomas posadas de Villa y sus hombres, antes y después de la batalla. Aquí vemos a Pánfilo Natera y Toribio Ortega, los dos comandantes que dirigieron esta lucha. 11 de enero de 1914.

Mutual Film. Una vez tomada Ojinaga, Villa dominaba por completo el estado de Chihuahua. Eso le permitió preparar sin sobresaltos la campaña de Torreón. Villa con Pánfilo Natera, general que se distinguió en la campaña de Ojinaga y la toma de Zacatecas. 11 de enero de 1914.

Mutual Film. La división federal destacamentada en el estado de Chihuahua desapareció por completo después de la batalla de Ojinaga, pues además de las miles de bajas que había sufrido en campaña, el resto de los soldados quedaron en calidad de detenidos por muchos meses en Estados Unidos. Villa y Pnfilo Natera muestran parte del arsenal que el ejército federal no pudo llevar consigo a Presidio durante su huida. 11 de enero de 1914.

Otis Aultman. Este hecho sin precedentes en la historia de México, en donde el ejército federal cruzó la frontera para refugiarse en Estados Unidos, tuvo un impacto sicológico entre los seguidores y enemigos de Villa, ya que mostraba a miles de hombres aterrorizados, dispuestos a cualquier cosa con tal de no enfrentar al general Villa. Aquí vemos al general de la División del Norte el botín de guerra. 11 de enero de 1914.

El ejército federal, incluidos sus comandantes, el general Salvador Mercado, Francisco Castro y cientos de civiles en un número cercano a las 5,000 personas, cruzaron a Presidio, Texas, huyendo de las tropas villistas. Allí fueron apresados de inmediato por el ejército estadounidense, y remitidos a pie hasta Marfa, en una caminata que duró tres días.

En Marfa, el ejército estadounidense dispuso de trenes especiales para llevarlos a Fort Bliss, en El Paso, adonde llegaron el 21 de enero. Ahí permanecieron por varios meses en campamentos de refugiados.

Otis Aultman. Villa mandó exhumar los restos de Abraham González, quien había sido asesinado por órdenes de Huerta. Aquí lo vemos acompañado de Toribio Ortega, Manuel Chao y José Rodríguez, cuando se disponen a recibir los restos del gobernador revolucionario en la estación del ferrocarril en la ciudad de Chihuahua. Febrero de 1914.

Estudio El Gran Lente. Villa mostró la admiración y el respeto que sentía por Abraham González velando sus restos en el palacio de gobierno y con un funeral ejemplar, que incluyó un tumultuoso desfile con su catafalco, por varias calles de la ciudad de Chihuahua. Esta serie de actos con honores militares a uno de los más fieles seguidores de Madero, dejaba en claro su filiación maderista, reafirmando con ello la lucha a muerte contra los asesinos de González. En la imagen vemos a Villa y a José Rodríguez cargando los restos de Don Abraham, en el momento en que salen del palacio de gobierno del estado. Febrero de 1914.

Otis Aultman. Villa con Félix Sommerfeld (primero a la izquierda), quien sirvió al general rebelde de intermediario e intérprete en negociaciones y tratos, principalmente con estadounidenses. Sommerfeld también fue agente confidencial del general Hugh Scott. 1914.

Otis Aultman. Villa posa en una Indian, la motocicleta del momento, afuera de su casa de Ciudad Juárez. 1914.

Mutual Film. La popularidad de Villa iba en aumento y fue requerido de nuevo por la Mutual Film para celebrar un segundo contrato. Aquí lo vemos con Rodolfo Fierro (con las manos levantadas) y Raúl Madero (con la mano izquierda en el bolsillo). *Ca.* marzo de 1914.

Mutual Film. La segunda película que Villa hizo con la Mutual, tenía argumento. Su director fue William Christy Cabanne y el actor que interpretó el papel de Villa joven fue Raoul Walsh; el propio Villa se interpretó a sí mismo en su etapa de revolucionario. Villa observa divertido a Rodolfo Fierro cuando éste se dispone a atar una navaja a un gallo. *Ca.* marzo de 1914.

John Davidson Wheelan. Además de filmar a Villa, los camarógrafos de la Mutual documentaron diferentes aspectos de Ciudad Juárez y El Paso. Aquí vemos a uno de ellos con su cámara frente a las rutinarias y exhaustivas revisiones en el puente internacional.

Otis Aultman. La película se llamó "La vida del general Villa" y fue estrenada el 7 de mayo de 1914 en el teatro Liric de Nueva York. En esta fotografía, Aultman muestra una gran habilidad y un fino sentido documental, al poner justo lo necesario de la cámara cinematográfica, en el lado izquierdo de su encuadre, para identificarla. Aunque Villa posa para él, la imagen nos permite recrear el suceso fílmico que acontece frente a Villa. *Ca.* marzo de 1914.

Los hombres alrededor de Villa

VILLA EN LA SILLA PRESIDENCIAL — CASASOLA — N° 6.

Estudio Casasola. Ésta es, sin duda, una de las fotografías más idealizadas por los seguidores de Villa y Zapata, ya que simboliza la posibilidad del acceso al poder de las clases populares. Sin embargo, la fotografía prácticamente quedó para el recuerdo, dado que ambos líderes fueron derrotados por el grupo encabezado por Obregón y Carranza. Sentados de izquierda a derecha: Tomás Urbina, Pancho Villa (en la silla presidencial), Emiliano Zapata, Otilio Montaño y, de pie, Rodolfo Fierro. Diciembre de 1914.

Fred Feldman. Francisco I. Madero, líder del movimiento revolucionario de 1910 y 1911, siguió inspirando la revolución constitucionalista de 1913, especialmente la que libraba Villa en Chihuahua, Durango y Coahuila. Villa se había levantado en armas en contra de Huerta para vengar la muerte de Madero, a quien guardaba un gran aprecio porque, entre otras cosas, durante la revolución de 1911 lo había redimido públicamente de su vida pasada. Madero en el estudio de Feldman en El Paso, Texas. Mayo de 1911.

Ante el inminente levantamiento armado de la revolución de 1910, Abraham González recurrió a Villa para que se incorporara a la lucha. A pesar de su negro historial, don Abraham pensó que sería fiel a los ideales de la revolución encabezada por Madero. Villa sobrevivió a ambos, siendo el maderista más connotado de la revolución constitucionalista.

Estudio Tostado. Tras haberse distinguido como el héroe de la revolución maderista de 1911, Pascual Orozco se rebeló contra Madero al año siguiente. Villa lo enfrentó para defender a este último y los hombres de ambos guerrilleros, que habían peleado juntos contra el régimen de Porfirio Díaz, se enfentarían a partir de entonces en una lucha fratricida. Orozco fue propuesto para presidente de México en el Plan de Ayala; sin embargo, esta propuesta fue retirada cuando apoyó abiertamente al gobierno ilegítimo de Huerta en 1913. Ésta fue una de sus decisiones más inexplicables, dado que Huerta era el enemigo común de todos los líderes revolucionarios.

La exitosa campaña de Huerta en Chihuahua contra la rebelión orozquista tuvo trascendencia
nacional y eso lo colocó ante Madero como uno de sus generales predilectos. La confianza que
Madero otorgó a Huerta le impidió ver las intrigas que éste tejió en su contra para derrocarlo.
En marzo de 1913, Huerta dio un golpe de estado y ordenó el asesinato de Madero.

El general Salvador Mercado (tercero de izquierda a derecha) estaba al mando de las fuerzas federales en el estado de Chihuahua durante la campaña de Villa a finales de 1913 y hasta enero de 1914.

Otis Aultman. Para combatir a los constitucionalistas, el ejército federal sumó las fuerzas irregulares de Pascual Orozco, Marcelo Caraveo y José Inés Salazar (a la derecha de esta fotografía) a quien vemos acompañado de Emilio Campa durante la toma de Ciudad Juárez en 1912.

El gobernador de Coahuila, Venustiano Carranza, lanzó el Plan de Guadalupe, desconociendo al gobierno de Victoriano Huerta y encabezando con ello la revolución constitucionalista. Durante los inicios de esta nueva lucha, Villa y sus hombres lo reconocieron como su jefe. Sin embargo, en junio de 1914, después de la batalla de Zacatecas, las diferencias entre ambos se ensancharon y entraron en una abierta disputa que desencadenó en una sangrienta guerra civil en México. En la imagen vemos a Carranza durante sus estancia en Hermosillo, Sonora donde estableció su gobierno provisional, lo acompañan José María Maytorena, gobernador de Sonora y Álvaro Obregón, jefe del cuerpo del ejército del Noroeste. Septiembre de 1913.

Álvaro Obregón se había distinguido como uno de los jefes más sobresalientes de la revolución constitucionalista. Durante el conflicto entre Villa y Carranza, apoyó a este último convirtiéndose más tarde en el verdugo de Villa, a quien derrotó en las batallas de El Bajío en abril de 1915. Ésta fotografía se tomó durante la visita que hizo Obregón a Ciudad Juárez y a El Paso para negociar con Villa y el ejército estadounidense el conflicto que en Sonora tenían facciones leales a él y a Villa y que amenazaban la seguridad de los ciudadanos del lado estadounidense de la frontera. De izquierda a derecha: Luis Aguirre Benavides, secretario de Villa, Pancho Villa, Álvaro Obregón y Rodolfo Fierro, entre otros. Agosto de 1914.

Otis Aultman. Después de la toma de Torreón por la División del Norte, Carranza ordenó a Villa Tomar Saltillo, desviándolo de su siguiente objetivo natural, que era Zacatecas. Villa alegaba que Saltillo debía ser tomada por el general Pablo González representante de las fuerzas constitucionalistas en esa zona; pero aún así, Villa obedeció a Carranza, tomó Paredón y ocupó Saltillo. En la imagen vemos a Villa, González y Toribio Ortega durante la entrega de la plaza de Saltillo. Junio de 1914.

Otis Aultman. Villa con Eugenio Aguirre Benavides, un personaje a quien Villa encomendó varios asuntos especiales, entre ellos el contrato y el cuidado de las relaciones con la Mutual Film, una compañía con la que Villa se involucró de manera muy intensa durante la primera mitad de 1914.

El general Felipe Ángeles era un destacado militar de carrera cuando se incorporó a las fuerzas villistas en marzo de 1914. Villa sentía una gran admiración por Ángeles. Su educación y su vocación humanista lo seducían aún más que sus habilidades como artillero e influyó para que Villa cobrara conciencia del poder político que significaban sus victorias militares. Villa y Ángeles preparándose para entrar a la Ciudad de México después de la Convención de Aguascalientes. Diciembre de 1914.

Rodolfo Fierro se ganó la confianza y el reconocimiento de Villa después de su destacada participación en la batalla de Tierra Blanca, convirtiéndose en su lugarteniente y brazo ejecutor de más confianza. Su instinto asesino le ganó el mote de "El carnicero". La estrecha relación que Villa tenía con Ángeles y Fierro, a pesar de ser diametralmente distintos, nos habla del carácter paradójico de la personalidad de Villa. Fierro y Villa en Torreón. Julio de 1914.

Raúl Madero, hemano de Francisco, que había peleado durante la revolución en 1911, se unió a Villa en 1913 convirtiéndose en uno de los hombres de su confianza. La presencia de Raúl en las filas villistas recordaba la cercanía de Villa al maderismo. Raúl Madero en Aguascalientes, 1914.

Toribio Ortega se destacó desde el inicio de la revolución por la toma de Cuchillo Parado, en 1910, y su participación fue decisiva en las victorias de la División del Norte. 1914.

Maclovio Herrera, otro de los destacados generales de la División del Norte; se separó de
Villa cuando éste rompió con Carranza. 1914.

Tomás Urbina (sentado), compañero de Villa desde su época de bandido, también fue un pilar de los triunfos del ejército villista. Urbina abandonó a Villa en su lucha contra el carrancismo y fue ejecutado por órdenes de Villa. Aquí lo vemos acompañado por Alfredo Rueda Quijano. 1914.

José Rodríguez (con el puño en la cintura), uno de los generales preferidos de Villa, al lado de Rafael Buelna, joven general carrancista incorporado a las fuerzas de Villa en 1915.

Roque González Garza (sentado al centro) fue un destacado revolucionario en la toma de Ciudad Juárez de 1911. Durante la revolución constitucionalista fue un hombre de todas las confianzas de Villa, siendo nada menos que su representante en la Convención Nacional Revolucionaria de Aguascalientes. 1914.

Manuel Chao (tercero de izquierda a derecha) gobernador del estado de Chihuahua, tuvo que lidiar entre las presiones de Carranza como jefe de la revolución constitucionalista y Pancho Villa, el hombre con el poder militar en el estado; cuando estalló el conflicto entre ambos, Chao se decidió por Villa. 1914.

Martiniano Servín se desempeñó como jefe de la artillería villista hasta la llegada de Felipe Ángeles; después dirigió las brigadas de infantería que se destacaron en la toma de Torreón y Zacatecas. Chihuahua, 1914.

Pánfilo Natera peleó en Zacatecas durante la revolución maderista, apoyó a Villa en la batalla de Ojinaga y su participación fue significativa durante la toma de Zacatecas en junio de 1914.

Sabino Osuna. Santos Bañuelos sostenía su lucha contra el huertismo en el estado de Zacatecas. Su conocimiento de la zona le permitió prestar una gran ayuda a Villa cuando tomó la capital de ese estado.

Tras la ruptura definitiva entre Villa y Carranza, las semejanzas entre Villa y Zapata afloraron, concretizándose en una alianza. Francisco Villa y Emiliano Zapata en un banquete en Palacio Nacional con Eulalio Gutiérrez, recién nombrado Presidente de México por la Convención de Aguascalientes. De izquierda a derecha: José Vasconcelos, Francisco Villa, Eulalio Gutiérrez, Emiliano Zapata y Felícitas Villarreal. 6 de diciembre de 1914.

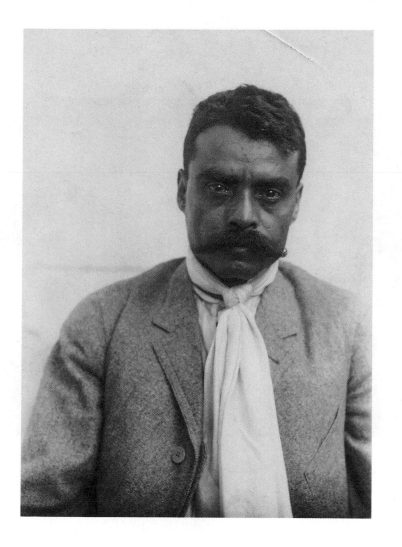

La alianza entre Villa y Zapata, después de la Convención de Aguascalientes y la ocupación de la Ciudad de México, prometía el triunfo de una revolución popular en México, pero finalmente fue doblegada por una alianza más conservadora que representaban Obregón y Carranza. Emiliano Zapata, 1914.

A pesar de que el resto de la república se encontraba en relativa calma, facciones obregonistas y villistas seguían enfrentadas en Sonora, afectando con ello la frontera con Arizona. Por tal motivo, Villa, Obregón y Pershing se reunieron para tratar de solucionar esas diferencias. John Pershing (segundo de izquierda a derecha); Álvaro Obregón; Luis Aguirre Benavides, secretario de Villa; Rodolfo Fierro (de traje y sombrero blanco); Francisco Villa (al lado derecho del barrote); y a su izquierda George C. Carothers. Agosto de 1914.

Walter Horne. Los problemas seguían en Sonora, así que Villa acudió al llamado de Hugh Scott para interceder en el conflicto que tenían en ese estado Plutarco Elías Calles y Maytorena. En la imagen vemos a Villa llegando a la primera de dos entrevistas; lo reciben el coronel Mitche, asistente de Scott, y George C. Carothers, el cónsul especial que designó el gobierno de Estados Unidos en los asuntos concernientes a Villa. El Paso, Texas, enero de 1915.

Otis Aultman. Hugh Scott pagó la visita a Villa en Ciudad Juárez. Aquí los vemos después de la entrevista que sostuvieron en la Aduana Fronteriza. Los acompaña el coronel Mitche. Enero de 1915.

Fred Feldman. Como respuesta al ataque de Columbus, Nuevo México, el gobierno de Estados Unidos organizó una expedición punitiva contra Villa en el territorio mexicano. Al frente de ella venía el general John Pershing. La expedición fue desastrosa, no sólo porque no encontraron a Villa, sino porque resultó ser una de las operaciones militares más costosas de ese país para perseguir a un solo hombre. Pershing invadió México el 15 de marzo de 1916 y permaneció en el país hasta el 5 de febrero de 1917.

Pablo López, uno de los participantes del ataque a Columbus, se convirtió en un símbolo del villismo tras su fusilamiento en la ciudad de Chihuahua, el 5 de junio de 1916. "Alguien le había regalado una camisa blanca y purísima para que la estrenara el día de su muerte; y así lo hizo… se colocó el puro en la boca y regresó a él la serenidad con tanto gusto que la ceniza no se desprendió del puro hasta que las balas sacudieron su cuerpo…" (Jorge Aguilar Mora).

Nicolás Fernández (a la izquieda de Villa) fue otro de los villistas que atacaron Columbus. Fernández peleó al lado de Villa durante su etapa guerrillera de 1916 a 1920 y permaneció cercano a él durante su retiro.

La familia y el retiro

Pancho Villa se casó con Luz Corral en 1911 en San Andrés, Chihuahua. Tuvieron una hija a la que pusieron por nombre Luz Elena, la cual murió antes de cumplir los dos años. Aquí los vemos en un montaje con fotografías de 1914.

A pesar de que Reynalda, Micaela y Agustín Villa no eran sus hijos, Luz Corral los crió como si fueran suyos. Luz Corral y Pancho Villa apadrinando la boda de Carmen Torres y Máximo García. *Ca.* 1911.

Otis Aultman. Después de la toma de Ciudad Juárez, Villa consideró que su familia corría peligro, así que la envió a vivir provisionalmente a El Paso, Texas. Cuando iba a la ciudad fronteriza, su familia cruzaba la frontera para quedarse con él en su casa del lado mexicano. Villa y Luz Corral en el cuartel de Ciudad Juárez. 1914.

Tras la desesperada situación militar por la que atravesaba Villa a finales de 1915, envió a Luz Corral y a sus hijos a Cuba. En 1916 se fueron a San Antonio, Texas, donde vivieron hasta 1920. En esta fiesta de la familia Villa vemos a Luz Corral (al centro), Agustín y Micaela, los hijos del general Villa (frente a la mesa). San Antonio, Texas, noviembre de 1916.

La llegada de la familia Villa a San Antonio, en 1916, resulta muy extraña si tomamos en cuenta que Pancho Villa estaba siendo perseguido por el ejército estadounidense desde marzo de ese mismo año. Agustín, hijo de Asunción Villaescusa, fue el primer hijo varón del general Villa. Aquí lo vemos posando con una cámara de cine. San Antonio, Texas, noviembre de 1916.

Sabino Villegas. Finalmente, en julio de 1920, tras cuatro años de lucha guerrillera, el general Villa depuso las armas. El general Eugenio Martínez (de blanco, con mascada), comisionado por el gobierno federal, se entrevistó con Villa en Sabinas, Coahuila, para llevar a cabo la firma del pacto de rendición.

Casasola Foto. De acuerdo al pacto de rendición, Villa recibió la hacienda de Canutillo en el estado de Durango y el pago de los sueldos para una escolta de 50 hombres de toda su confianza. Villa y Porfirio Ornelas. Sabinas, Coahuila, julio de 1920.

Casasola Foto. Canutillo se convirtió en un pequeño pueblo. Villa se dedicó de lleno a las actividades de la hacienda, primordialmente a las labores del campo y a la crianza de ganado, caballos finos y gallos de pelea. Aquí lo vemos durante un herradero. *Ca.* 1921.

Estudio Casasola. Villa dedicó a la hacienda la misma energía que tuvo para la guerra: implementó un sistema de trabajo colectivo y hasta los hombres de su escolta trabajaban. Villa trabajando en el yunque; al lado izquierdo vemos a Trillo, su secretario. *Ca.* 1921.

A Villa le quedaba tiempo para socializar y atender negocios fuera de la hacienda.
Acudía seguido a Parral y mantenía una buena relación con algunos amigos en
Estados Unidos. Gracias a estas relaciones consiguió los implementos más
modernos de la época para las labores del campo: tractores, trilladoras y arados
de discos. Villa con una familia no identificada. *Ca.* 1923.

Canutillo floreció en poco tiempo. Tenían alumbrado público gratuito, taller eléctrico, taller mecánico, carpintería, fragua, zapatería, talabartería, telares, molino de nixtamal, telégrafo y teléfono. Villa con personas no identificadas. *Ca.* 1923.

Estudio Casasola. A pesar de no haber estudiado, la educación era una de las obsesiones de Villa. En diferentes ocasiones manifestó a la prensa que sólo la educación podía sacar a México de su pobreza. Lo primero que hizo en Canutillo fue construir una escuela, a la que puso por nombre "General Felipe Ángeles". Ahí estudiaban ciento veinte alumnos. El general Villa con su hija Micaela y su hijo Agustín. *Ca.* 1922.

Villa sentía una gran admiración y respeto por los maestros y le indignaba que muchos de ellos se estuvieran "muriendo de hambre". En la entrevista que publicó *El Universal* en 1923, Villa declaró que prefería pagar primero a un maestro que a un general. Octavio, hijo que Villa tuvo con Guadalupe Coss, y su hermano Agustín. *Ca.* 1922.

Estudio Casasola. Cuando la División del Norte ocupó la Ciudad de México, Villa mandó recoger a 300 niños de la calle y los envió a Chihuahua para que asistieran a la escuela de artes y oficios. Cuando Villa estaba en Chihuahua, comían con él los 10 niños más aplicados de este grupo. Villa y el General Trillo con niños de Canutillo. *Ca.* 1921.

Estudio Casasola. Villa consideraba el alcoholismo como una de las grandes tragedias nacionales y prohibió las cantinas y la venta de bebidas alcohólicas en Canutillo. Villa platicando cariñosamente con su hijo Agustín. *Ca.* 1921.

Además del cambio drástico que significó para Villa el retiro a la vida civil, en 1921 se casó
de nuevo, con lo que terminaba una larga relación con Luz Corral, probablemente la mujer
de su vida y una auténtica madre para sus hijos. Pancho Villa y Austreberta Rentería, su nueva
esposa. *Ca.* 1921.

En 1921 Villa fue entrevistado por la dramaturga Sophie Treadwell, quien escribía para *The New York Herald Tribune*. La imagen de Pancho Villa que Treadwell dio a conocer en su reportaje fue la de un patriota; no lo pintaba tan malo como lo creían la mayoría de los estadounidenses. Más aún, resaltaba muchas de sus virtudes, así como los logros que estaba teniendo en Canutillo. Treadwell concluyó su reportaje como si fuera una ferviente villista, con la frase: ¡Viva Villa! Treadwell acompañada de Trillo y Villa.

Desde la toma de Ciudad Juárez de 1913, el fotógrafo W. H. Durborough hizo algunas reflexiones sobre las imágenes de Villa que se estaban publicando en Estados Unidos, las cuales consideraba que no expresaban adecuadamente la personalidad del general mexicano, a quien él conocía muy bien: "La mayoría de las fotografías de Villa que han circulado en el país son injustas, y muchas de ellas tratan de mostrarlo como un gran bruto, pero no es una persona a la que puedas juzgar por estudiar una fotografía de él" (*Santa Fe New Mexican,* 24 de enero de 1914).

Cronología

5 de junio de 1878
Doroteo Arango, conocido como Pancho Villa, nace en el municipio de Río Grande, Durango.
1910
Por invitación de Abraham González, se incorpora a la revolución madcrista.
21 de noviembre de 1910
Cástulo Herrera y Francisco Villa atacan a fuerzas federales en San Andrés, Chihuahua.
24 de noviembre de 1910
Herrera y Villa toman Santa Isabel.
12 de diciembre de 1910
El general Navarro derrota a Pascual Orozco y Francisco Villa en la batalla de Cerro Prieto.
14 de febrero de 1911
Tras su exilio en Estados Unidos, Madero penetra a territorio nacional para encabezar la revolución.
10 de mayo de 1911
Los revolucionarios al mando de Pascual Orozco, Giuseppe Garibaldi, José de la Luz Blanco y Pancho Villa toman Ciudad Juárez. Madero instala su gobierno provisional.
13 de mayo de 1911
Orozco y Villa intentan aprehender a Madero; éste logra librarse y los perdona.
25 de julio de 1911
Después de haber licenciado a sus tropas, Villa se retira a la vida privada en la ciudad de Chihuahua y se dedica al comercio de la carne.
3 de marzo de 1912
Francisco Villa acude al llamado de Madero para incorporarse al ejército federal al mando del general Huerta para combatir la rebelión orozquista en Chihuahua.
4 de junio de 1912
Acusado injustamente de insubordinación y robo, Villa es aprehendido por órdenes de Huerta. Tras librarse del pelotón de fusilamiento, es enviado a la cárcel en la ciudad de México.
26 de diciembre de 1912
Escapa de la cárcel y se refugia en El Paso, Texas.

7 de marzo de 1913
Con menos de una decena de hombres, ingresa a territorio mexicano para incorporarse a la revolución constitucionalista en contra de Huerta. Recibe apoyo de Abraham González y de José María Maytorena.
26 de agosto de 1913
Toma San Andrés, derrotando a una fuerza federal de más de mil hombres, en un hecho que será recordado como su primera gran batalla de esta etapa. Se hace de un importante lote de armas y municiones
26 de septiembre de 1913.
Villa es elegido comandante para dirigir las fuerzas revolucionarias de los estados de Chihuahua, Durango y Coahuila. Se supone que a partir de entonces este ejército recibió el nombre de División del Norte.
30 de septiembre de 1913
Bajo el mando unificado de Francisco Villa, cae en poder de los revolucionarios la ciudad de Torreón. Villa obtiene un importante botín de guerra e impone contribuciones forzosas a las familias ricas y al clero para financiar su campaña.
Noviembre de 1913
En un intento por tomar la ciudad de Chihuahua, la División del Norte, al mando de Francisco Villa, es rechazada durante tres días consecutivos y se dirige a Ciudad Juárez.
15 de noviembre de 1913
Villa, con un gran número de sus hombres, se introduce en uno de los trenes del ejército federal hasta el corazón de Ciudad Juárez, tomándola por sorpresa en sólo dos horas. Esta hazaña militar planeada con increíble rapidez es objeto de los mejores comentarios por parte de la prensa internacional y dcl cjército estadounidense.
23 al 25 de noviembre de 1913
Para no exponer a la población juarense al inminente ataque del ejército federal y evitar un conflicto con Estados Unidos, Villa lleva a su ejército a

Tierra Blanca, una estación a 31 km. al sur de Ciudad Juárez, para preparar su defensa. El combate culminó el 25 de noviembre con una estrepitosa derrota del ejército federal y con un impresionante botín de guerra para Villa.

3 de diciembre de 1913

A unos días de la derrota de Tierra Blanca, el general Mercado, el resto de sus hombres, las fuerzas irregulares y cientos de civiles, salen despavoridas de la ciudad de Chihuahua con destino a Ojinaga. Este viaje fue conocido como "La caravana de la muerte".

8 de diciembre de 1913

Francisco Villa ocupa la ciudad de Chihuahua pacíficamente y por acuerdo de sus generales es designado gobernador militar del estado.

Diciembre de 1913

Villa decreta la expulsión de los españoles de Chihuahua. En junta con diplomáticos explica que ha tomado esta decisión debido a que "los españoles destrozaron al imperio indio y esclavizaron a su pueblo. Los españoles apoyaron a Porfirio Díaz y fueron perniciosamente activos en política..."

Diciembre de 1913

Villa toma prisionero a Luis Terrazas, hijo, y exige una recompensa por su liberación. Este incidente muestra a los grupos revolucionarios el poder de los Terrazas, incluso fuera de México, dado que el gobierno estadounidense intercede por él ejerciendo una gran presión sobre Villa y Carranza.

16 de diciembre de 1913

George C. Carothers es nombrado cónsul especial por el gobierno estadounidense como representante diplomático ante Villa.

22 de diciembre de 1913

Fuerzas de la División del Norte, al mando de Toribio Ortega y Pánfilo Natera, salen de Chihuahua rumbo a Ojinaga para tratar de derrotar al general Mercado, comandante de las últimas fuerzas federales en el estado de Chihuahua.

25 de diciembre de 1913

La influyente revista estadounidense *Leslie´s*, con un tiraje de 400,000 ejemplares, dedica su portada a Villa.

3 de enero de 1914

Pancho Villa firma en Ciudad Juárez un contrato en exclusiva con la Mutual Film Corporation de Nueva York para que filmen sus batallas. El contrato menciona que Villa obtendrá el 20% de las utilidades de la película, y recibe como anticipo 25,000 dólares.

10 de enero de 1914

Toma de la ciudad de Ojinaga, último reducto del ejército federal en Chihuahua.

10 de enero de 1914

En un hecho sin precedente en la historia de México, el ejército federal al mando del general Mercado es forzado por las fuerzas villistas a cruzar la frontera mexicana hacia Presidio, Texas en donde son aprehendidos por las tropas estadounidenses y remitidos días después a un campo de refugiados en Fort Bliss, en El Paso, Texas.

Febrero de 1914

Los primeros días de febrero se firma un segundo contrato entre Villa y la Mutual Film Corporation, en donde además de incluir sus batallas se recrea parte de su vida. La película llevó por título "La vida del general Villa".

17 de febrero de 1914

William Benton, un ciudadano de origen inglés con propiedades en el estado de Chihuahua, resultó muerto después de un altercado con Francisco Villa en su cuartel en Ciudad Juárez. Este suceso causó un conflicto internacional con Inglaterra y Estados Unidos ya que el primero, al no tener relaciones con los constitucionalistas, optó por pedir ayuda al gobierno de Estados Unidos. Ambos gobiernos empezaron a ejercer gran presión sobre Villa y Carranza. Ante la imposibilidad de solucionar el problema por sí mismo, Villa dejó en manos de Carranza el asunto, quien lo resolvió hábilmente aclarando al gobierno de EUA que sólo trataría el asunto con Inglaterra. Aunque la tensión decayó, el evento tuvo un impacto muy negativo en la imagen de Villa y significó además una excelente oportunidad para que Carranza se acreditara aún más como el líder de la Revolución Mexicana.

24 de febrero de 1914

Francisco Villa manda exhumar los restos de Abraham González, del lugar donde fue asesinado, para llevar a cabo un sepelio con honores. Este acontecimiento dejó ver el gran respeto y cariño que Villa y el pueblo de Chihuahua sentían por González.

16 de marzo de 1914

El general Felipe Ángeles se incorpora a la División del Norte.

Marzo de 1914

Woodrow Wilson revoca el embargo de armas que meses antes había decretado contra México. Villa pudo comprar legalmente en Estados Unidos armas y municiones para sus tropas.

1 de abril de 1914

Se inaugura en Chihuahua el periódico *Vida Nueva*, órgano de propaganda villista.

3 de abril de 1914

Toma de Torreón. Victoria considerada como una de las más importantes de la revolución constitucionalista.

12 de abril de 1914

Toma de San Pedro de las Colonias. Esta batalla fue peculiar porque ahí se derrotó a algunos de los mejores generales con los que contaba el ejército federal.

7 de mayo de 1914

Estreno de la película "La vida del general Villa" en la ciudad de Nueva York.

Mayo de 1914

Ante la sorpresa de Villa, que pensaba lanzarse cuanto antes sobre Zacatecas, Carranza le ordena atacar la ciudad de Saltillo, desviándolo de la ruta hacia la ciudad de México.

17 de mayo de 1914

Francisco Villa toma Paredón.

17 de mayo de 1914

Ocupación de Saltillo por las fuerzas villistas.

11 de junio de 1914

Carranza ordena a Pánfilo Natera y los hermanos Arrieta tomar Zacatecas, pero ante el fracaso de ese ataque, pide ayuda a Villa sin ofrecerle la dirección de la batalla. Eso provoca un conflicto entre ambos. Villa presenta su renuncia a la División del Norte, pero no es aceptada por sus generales que, de manera unánime, deciden avanzar sobre Zacatecas, en total desacuerdo con Carranza.

24 de junio de 1914

La División del Norte toma la ciudad de Zacatecas. Esta batalla fue decisiva para la rendición del ejército federal e influyó de manera directa en la renuncia de Victoriano Huerta.

25 de junio de 1914

Para evitar que Villa llegara a la ciudad de México, Carranza manda cortar la vía férrea y ordena que se suspenda el envío de carbón a los trenes villistas.

4 al 8 de julio de 1914

Se reúnen en Torreón representantes de Villa y Carranza para tratar de arreglar las diferencias entre ambos. Los resultados de las pláticas fueron limitados pero sentaron las bases para la Convención de Aguascalientes.

16 de julio de 1914

Para facilitar la pacificación del país, Victoriano Huerta anuncia a los gobernadores de los estados que renuncia a la presidencia de la república.

13 de agosto de 1914

Se firman los tratados de Teoloyucan entre las fuerzas constitucionalistas, representadas por Álvaro Obregón y Lucio Blanco y el ejército federal. En ellos se establece la disolución del ejército federal y la entrega pacífica de la capital de la república.

15 de agosto de 1914

El ejército constitucionalista, sin la División del Norte, sin Villa y sin Zapata, hace su entrada triunfal a la Ciudad de México. Venustiano Carranza ocupa provisionalmente la presidencia de la república.

21 de septiembre de 1914

Villa sospecha que Obregón conspira contra la División del Norte y ordena su fusilamiento, pero desiste en el último momento.

25 de septiembre de 1914

Villa lanza un manifiesto al pueblo mexicano desconociendo a Venustiano Carranza como primer jefe.

10 de octubre de 1914

Para tratar de llegar a un acuerdo nacional, se inician las sesiones de la Convención Revolucionaria en la ciudad de Aguascalientes.

24 de octubre de 1914

Carranza publica un manifiesto en respuesta al del general Villa y se polarizan públicamente las posiciones.

6 de noviembre de 1914

La Convención elige como presidente provisional de la república a Eulalio Gutiérrez y como jefe del ejército a Francisco Villa.

8 de noviembre de 1914

Carranza desconoce los acuerdos de la Convención y abandona la capital de la república. El ejército constitucionalista se divide en dos bandos, agrupándose uno en torno a Carranza y el otro a Villa y Zapata, iniciando con ello una cruenta guerra civil en México.

6 de diciembre de 1914

Tras los acuerdos de la Convención de Aguascalientes, Zapata y Villa ocupan la capital de la república.

Diciembre de 1914

El gobierno de la Convención rompe con Villa y se va de la Ciudad de México.

15 de enero de 1915

Monterrey cae en poder de las tropas villistas al mando de Felipe Ángeles.

12 de febrero de 1915
Villa derrota a los generales Diéguez y Murguía y toma la ciudad de Guadalajara.
15 de abril de 1915
Tras un aguerrido enfrentamiento, Villa es derrotado por Obregón en Celaya.
24 de mayo de 1915
En su cuartel general en León, Guanajuato, Villa promulga una ley sobre reforma agraria donde anuncia el reparto de las grandes propiedades.
9 de septiembre de 1915
El general Tomás Urbina abandona la lucha en la campaña contra Carranza y Villa ordena su fusilamiento.
4 de noviembre de 1915
Villa es derrotado definitivamente en Agua Prieta por Plutarco Elías Calles.
19 de diciembre de 1915
Villa desintegra a la División del Norte.
10 de enero de 1916
Cerca de Santa Isabel, una partida villista comandada por Pablo López y Rafael Castro ataca el Ferrocarril Central. Diecisiete norteamericanos y diecinueve mexicanos resultaron muertos en el asalto.

19 de enero de 1916
Carranza expide un decreto que pone fuera de la ley a Francisco Villa, Rafael Castro y Pablo López: cualquier ciudadano puede aprehenderlos y ejecutarlos sin formación de causa.
9 de marzo de 1916
Villistas atacan la población norteamericana de Columbus, Nuevo México.
15 de marzo de 1916
El general estadounidense John Pershing penetra a territorio mexicano para perseguir a Villa. Esta operación fue conocida con el nombre de expedición punitiva.
5 de febrero de 1917
Sin haber encontrado a Villa, el ejército estadounidense termina por abandonar el territorio nacional.
28 de julio de 1920
Después de cuatro años de lucha, Villa firma un convenio de rendición con el gobierno federal, recibiendo a cambio la hacienda de Canutillo y el pago de los sueldos de una escolta de cincuenta hombres.
20 de julio de 1923
Villa es asesinado en Parral, Chihuahua.

"Villa es un gran hombre, mucho más de lo que la mayoría de la gente piensa. Es profundo, modesto, está siempre alerta y es respetado por todos los que lo conocen. Es un general de nacimiento, y nunca da a sus hombres una orden que no puede cumplir él mismo. Puede montar mejor que cualquier hombre de su ejército… y se le considera el mejor tirador en México. Sus hombres, vaqueros, peones rudos e incluso forajidos, lo han visto hacer todo esto y se ha ganado su admiración unánime" (W. H. Durborough en *Santa Fe New Mexican*, 18 de febrero de 1914).

Bibliografía

Aguilar Mora, Jorge, *Una muerte sencilla, justa, eterna. Cultura y guerra durante la Revolución Mexicana.* Ediciones Era, México, 1990, 439 pp.

Aguirre Benavides, Luis y Adrián, *Las grandes batallas de la División del Norte al mando del General Francisco Villa.* Editorial Diana, México, 1964, 205 pp.

Anderson, Mark C., *Pancho Villa´s Revolution by Headlines.* University of Oklahoma Press, Norman, USA, 2000, 301 pp.

Así fue la Revolución Mexicana. La Revolución día a día. Vol. 7. Salvat, México, 1985.

Barragán, Juan, *Historia del ejército constitucionalista.* Editorial Stylo, México, 1946, 774 pp.

Barthes, Roland, *Mitologías.* Siglo XXI Editores, México, 1983 (4a edición), 257 pp.

Berumen Campos, Miguel Ángel, *1911, La batalla de Ciudad Juárez / II. Las imágenes.* Editorial Cuadro por Cuadro, Ciudad Juárez, 2003, 208 pp.

Brittingham, Albert A., *Juan F. Brittingham 1859-1940.* s.p.i., 1980, 170 pp.

Candelas Villalba, Sergio, *La batalla de Zacatecas.* Editora y Distribuidora Leega, México, 2003, 159 pp.

Casasola, Gustavo, *Historia gráfica de la Revolución Mexicana 1900-1960* (Tomo II). Editorial F. Trillas, México, 1960.

Castellanos, Antonio, *Francisco Villa, su vida y su muerte.* Librería Revista Mexicana, San Antonio, Texas, 1924, 128 pp.

Cervantes, Federico, *Francisco Villa y la Revolución.* Ediciones Alonso/INEHRM, México, 1960, 828 pp.

De los Reyes, Aurelio, *Con Villa en México. Testimonios de camarógrafos norteamericanos en la Revolución 1911-1916.* UNAM/INEHRM, México, 1992, 411 pp.

En el centenario del nacimiento de Francisco Villa, 71. INEHRM, México, 1978.

Fabela, Josefina E. de, *Documentos históricos de la Revolución Mexicana, VIII. Revolución y régimen maderista, IV.* Jus, México, 1965.

Felipe Ángeles. "El legado de un patriota". Textos del juicio y ejecución de un idealista revolucionario. Gobierno del Estado de Chihuahua, Chihuahua, 2003, 287 pp.

Florescano, Enrique (coordinador), *Mitos mexicanos.* Taurus, México, 2001, 414 pp.

Gilly, Adolfo, *Arriba los de abajo.* Océano, México. 1986, 119 pp.

_____, *La revolución interrumpida.* Ediciones El Caballito, México, 1971, 410 pp.

Guzmán, Martín Luis, *Memorias de Pancho Villa.* Editorial Porrúa, México, 2000, 612 pp.

_____, *El águila y la serpiente,* Editorial Porrúa, México, 1984, 466 pp.

Jaurrieta, José María, *Con Villa (1916-1920), memorias de campaña.* CONACULTA, México, 1997, 281 pp.

Katz, Friedrich, *Pancho Villa.* Ediciones Era, México, 1998, 1062 pp.

Madero, Gustavo A., *Epistolario.* Diana, México, 1991, 239 pp.

Margo, A., *Who, Where, and Why is Villa?* Latin American News Association, Nueva York, s.f.

Mercado, Salvador R., *Revelaciones históricas, 1913-1914.* Salvador R. Mercado, Las Cruces, Nuevo México, 1914.

Meyers, William K., *Forja del progreso, crisol de la revuelta. Los orígenes de la Revolución Mexicana en la comarca lagunera, 1880-1911.* INEHRM, México, 1996, 360 pp.

New Yorker Unlimited. The Memoirs of Edward Larocque Tinker. The University of Texas at Austin/The Encino Press, New York, 1970, 332 pp.

O´Malley, Ilene V., *The Myth of the Revolution, Hero Cults and the Institutionalization of the Mexican State, 1920-1940.* Greenwood Press, Westport, 1986, 199 pp.

Orellana, Margarita de, *La mirada circular. El cine norteamericano de la Revolución Mexicana 1911-1917.* Artes de la Mirada, México, 1999, 300 pp.

Osorio, Rubén, *Pancho Villa, ese desconocido.* Talleres Gráficos del Gobierno del Estado, Chihuahua, 2004, 266 pp.

_____, *La correspondencia de Francisco Villa.* Talleres Gráficos del Gobierno del Estado, Chihuahua, 2004, 193 pp.

Poncelot, Victor, *Gen. Francisco Villa Candidate for Nobel Peace Prize. A Little Biography of a Great Man.* s.p.i., 1914, 15 pp.

Puente, Ramón, *Hombres de la Revolución. Villa (sus auténticas memorias).* Mexican American Publishing Co., Los Angeles, 1931, 250 pp.

Reed, John, *México insurgente*. Editorial Porrúa, México, 1996, 191 pp.

Rivera, Antonio G., *La Revolución en Sonora*. Imprenta Arana, México, 1969, 503 pp.

Sánchez Lamego, Miguel A., *Historia militar de la Revolución Mexicana en la época maderista* (Tomo I). INEHRM, México, 1976, 310 pp.

Siller, Pedro y Miguel Ángel Berumen, *1911, La batalla de Ciudad Juárez / La historia*. Editorial Cuadro por Cuadro, Ciudad Juárez, 2003, 192 pp.

_____, *Materia de sombras*. Editorial Cuadro por Cuadro, Ciudad Juárez, 2001, 304 pp.

Taracena, Alfonso, *La verdadera Revolución Mexicana*. Editorial Porrúa, México, 1992, 429 pp.

Turner, John Kenneth, *¿Quién es Francisco Villa?* Imprenta "El Paso del Norte", El Paso, Texas, 1915.

Terrazas, Silvestre, *El verdadero Pancho Villa*. Ediciones Era, México, 1988, 243 pp.

Villa, Rosa Helia, *Itinerario de una pasión. Los amores de mi general*. Plaza & Janés, México, 1999, 411 pp.

Weber, Max, *Economía y Sociedad*. FCE, México, 1981, 1195 pp.

Whitt, Dr. Brondo E. *La División del Norte*. Anaya Editores, México, 1996, 392 pp.

Artículos

Berumen Campos, Miguel Ángel, "Ciudad Juárez vista por los fotógrafos estadounidenses, 1881-1913", en *Alquimia*, núm. 22, año 8 (septiembre-diciembre de 2004), pp. 17-23.

Marvin, George, "Villa", en *World's Work* (14 de mayo de 1914), pp. 269.

Treadwell, Sophie, "A Visit to Villa, A Bad Man Not So Bad." en *The New York Herald Tribune,* (28 de agosto de 1921). También se revisaron los manuscritos y las fotografías de dicha entrevista en: Treadwell, Sophie, *Papers,* (1860-1970). University of Arizona Libraries, Dept. of Special Collections.

Wilson, Henry Lane, "Errors with reference to Mexico and events that have ocurred there." *The Annals of the American Academy of Political and Social Science*, vol. 54 (july, 1914), p. 153, citado en *The Americas,* núm. 2, vol. LI (octubre de 1916).

Iconografía

Algunas de las fotogrfías que se incluyen en este libro fueron manipuladas por los propios autores o por los editores de las revistas y periódicos donde fueron publicadas originalmente; algunas están retocadas y otras recortadas.

Referencia fotográfica por número de página

7. El Paso Public Library.

8. El Paso County Historical Society.

11. Cushing Memorial Library and Archives, Texas A&M University.

12. Fototeca Nacional del INAH. Autor desconocido (en adelante A. d.).

15. Special Collections, University of California at Riverside (A. d.).

16. Harry Ransom Humanities Research Center, University of Texas at Austin (A. d.).

18. Colección Cuadro por Cuadro (A. d.).

24. New York Public Library, Astor, Lenox and Tilden Foundations. Esta ilustración de la portada de *Leslie's,* del 25 de diciembre de 1913, está basada en una fotografía que Jim Alexander tomó a Francisco Villa en el campamento del Ejército Libertador en las afueras de Ciudad Juárez, en 1911.

28. Colección Hoard en El Paso Public Library.

29. Colección Cuadro por Cuadro.

31. Colección Cuadro por Cuadro (A. d.).

32. Colección Cuadro por Cuadro.

53. Library of Congress.

54. Cushing Memorial Library and Archives, Texas A&M University. Esta fotografía es atribuida a John

Davidson Wheelan, quien fue contratado por la Mutual Film Corporation para la campaña de Villa en Ojinaga.

59. Library of Congress. Esta fotografía, al igual que la de la página 54, es atribuida a John Davidson Wheelan.

63. El Paso Public Library. Fotografía tomada por Otis Aultman en el cuartel de Ciudad Juárez en 1914. El pie de foto se tomó de: Sophie Treadwell, "A Visit to Villa, A Bad Man Not So Bad" en *The New York Herald Tribune* (28 Agosto de 1921).

64. Harry Ransom Humanities Research Center. Fotografía tomada por Jimmy Hare en el campamento del Ejército Libertador en las afueras de Ciudad Juárez. Abril de 1911.

65. Colección Cuadro por Cuadro. Tomada por un fotógrafo de apellido Bain. El pie de foto se tomó de: Joseph Rogers Taylor, "Pancho" Villa at First Hand en *The World's Work*. Mayo de 1914, p. 265.

66. Colección Cuadro por Cuadro. Fotografía tomada por Walter Horne afuera de la casa de Villa en Ciudad Juárez, el 1 de enero de 1914. El pie de foto se tomó de: Edward Larocque Tinker, *New Yorker Unlimited. The Memoirs of Edward Larocque Tinker*. The University of Texas at Austin/The Encino Press, New York, 1970, p. 130.

67. El Paso Public Library. Fotografía tomada por Otis Aultman a principios de 1914 en el cuartel de Villa en Ciudad Juárez. El pie de foto se tomó de: Joseph Rogers Taylor, "'Pancho' Villa at First Hand", en *The World's Work*. Mayo de 1914, p. 267.

68. El Paso County Historical Society (A. d.).

69. Corbis (A. d.). El pie de foto se tomó de: Friedrich Katz, *Pancho Villa*. Ediciones Era, México, 1998, pp. 97 y 98.

70. Fototeca Nacional del INAH. (A. d.). *Ca.* 1920. El pie de foto se tomó de: Dr. Brondo E. Whitt, *La División del Norte.* Anaya Editores, México, 1996, p. 112.

71. Special Collections, University of California at Riverside (A. d.). El pie de foto se tomó de: C. J. Kaho, "La emocionante vida de un camarógrafo", en *Dallas Morning News* (5 de diciembre de 1926).

72. Corbis (A. d.). Villa a su llegada a Torreón en julio de 1914. El pie de foto se tomó de: Aurelio de los Reyes, *Con Villa en México. Testimonios de camarógrafos norteamericanos en la Revolución 1911-1916.* UNAM/INEHRM, México, 1992, p. 37.

73. Fototeca Nacional del INAH (A. d.). El pie de foto se tomó de: Martín Luis Guzmán, *Memorias de Pancho Villa.* Editorial Porrúa, México, 1984, p. 539.

74. Colección de Bertha Provencio. El pie de foto se tomó de: W. H. Durborough, " De campaña con Villa", en *Santa Fe New Mexican* (24 de enero de 1914).

75. Universidad Panamericana, Archivo de Roque González Garza (A. d.). El pie de foto se tomó de: Rosa Helia Villa, *Itinerario de una pasión. Los amores de mi general.* Plaza & Janés, México, 1999, p. 37.

76. Colecciones Especiales de la Universidad Autónoma de Ciudad Juárez (A. d.).

77. Pictorial Collection, Center for Southwest Research, Zimmerman Library, University of New Mexico at Albuquerque. Fotografía tomada por Sabino Osuna en la Ciudad de México. El pie de foto se tomó de: Aurelio de los Reyes, *op. cit.,* p. 94.

78. Special Collections, University of California at Riverside (A. d.). El pie de foto se tomó de: Martín Luis Guzmán, *El águila y la serpiente.* Editorial Porrúa, México, 1984, p. 251.

79. El Paso County Historial Society. W. H. Durborough. El pie de foto se tomó de: Hugh Scott, *Some Memories of a Soldier.* The Century Co., New York-London, 1928, p. 503.

80. Colecciones Especiales de la Universidad Autónoma de Ciudad Juárez. Fotografía tomada por Sabino Osuna en la Ciudad de México. El pie de foto se tomó de: Juan Barragán, *Historia del ejército constitucionalista.* Editorial Stylo, México, 1946, p. 456.

81. Corbis (A. d.). El pie de foto se tomó de: Rubén Osorio, *Pancho Villa, ese desconocido.* Talleres Gráficos del Gobierno del Estado, Chihuahua, 2004, p. 61.

82. Special Collections, University of California at Riverside (A. d.). Villa con Antonio I. Villarreal durante las pláticas de Torreón, en julio de 1914. El pie de foto se tomó de: Juan Barragán, *op. cit.,* p. 513.

83. Special Collections, University of California at Riverside (A. d.). Torreón, Coahuila, julio de 1914. El pie de foto se tomó de: *Felipe Ángeles. op. cit.,* pp. 126 y 142.

84. Fototeca Nacional del INAH. Elías Torres y Francisco Villa. *Ca.* 1920. El pie de foto se tomó de: Juan Barragán, *op. cit.,* p. 512.

85. Fototeca Nacional del INAH. General Eugenio Martínez y Villa durante la rendición del general rebelde. 1920.

86. Harry Ransom Humanities Research Center (A. d.). *Ca.* 1920. El pie de foto se tomó de: Alberta Claire (la chica de Wyoming), "Francisco Villa, ¡él es el héroe de la raza rebelde!" en *The Daily News*, Maryland (lunes 20 de julio de 1914).

87. Special Collections, University of California at Riverside (A. d.). *Ca.* 1920. El pie de foto se tomó de: Juan Barragán, *op. cit.*, p. 229.

89. El Paso County Historical Society.

90. Universidad Panamericana. Archivo de Roque González Garza (A. d.).

91. El Paso County Historical Society (A. d.).

92. El Paso County Historical Society (A. d.).

93 y 94. Harry Ransom Humanities Research Center.

95. El Paso County Historical Society (A. d.).

96, 97, 98 y 99. Fototeca Nacional del INAH (A. d.).

101, 102 y 103. El Paso County Historical Society.

104. Colección Cuadro por Cuadro.

105, 106 y 107. El Paso Public Library.

108. Special Collections, University of California at Riverside.

109 y 110. El Paso Public Library.

111. Corbis.

112, 113, 114, 115, 116 y 117. Cushing Memorial Library & Archives, Texas A&M University.

118. El Paso Public Library.

119. Special Collections, University of California at Riverside.

120. Library of Congress.

121. El Paso Public Library.

122 y 123. El Paso County Historical Society (A. d.).

124. El Paso Public Library.

125. Fototeca Nacional del INAH.

126 y 127. El Paso Public Library.

128. Cushing Memorial Library & Archives, Texas A&M University.

129. Charles Rizzo (A. d.).

130. Cushing Memorial Library & Archives, Texas A&M University.

131. El Paso Public Library.

133. Special Collections, University of California at Riverside.

134. Achilles Studio.

135, 136 y 137. Special Collections, University of California at Riverside (A. d.).

138. El Paso Public Library.

139 y 140. Special Collections, University of California at Riverside (A. d.).

141. El Paso Public Library.

142, 143, 144 y 145. Special Collections, University of California at Riverside.

146. Universidad Panamericana. Archivo Roque González Garza (A. d.).

147. Special Collections, University of California at Riverside (A. d.).

148. Universidad Panamericana. Archivo Roque González Garza (A. d.).

149 y 150. Special Collections, University of California at Riverside (A. d.).

151. Universidad Panamericana. Archivo Roque González Garza (A. d.).

152 y 153. Special Collections, University of California at Riverside (A. d.).

154. CONDUMEX (A. d.).

155. Special Collections, University of California at Riverside.

156 y 157. Special Collections, University of California at Riverside (A. d.).

158. Harry Ransom Humanities Research Center (A. d.).

159. Colección Cuadro por Cuadro.

160. El Paso Public Library.

161. Achilles Studio.

162 y 163. Special Collections, University of California at Riverside (A. d.).

165. El Paso County Historical Society (A. d.).
166. CONDUMEX (A. d.).
167. El Paso Public Library.
168 y 169. Special Collections, University of California at Riverside (A. d.).
170. Charles Rizzo.
171, 172 y 173. Fototeca Nacional del INAH.
174 y 175. Special Collections, University of California at Riverside (A. d.).
176. Fototeca Nacional del INAH.
177. Special Collections, University of California at Riverside (A. d.).
178 y 179. Fototeca Nacional del INAH.
180. Colecciones Especiales de la Universidad Autónoma de Ciudad Juárez (A. d.).
181. Special Collections, University of Arizona at Tucson (A. d.).
182. Getty Images (A. d.)
187. Special Collections, University of California at Riverside (A. d.). Torreón, julio de 1914.
194. El Paso County Historical Society (A. d.).
195. Special Collections, University of California at Riverside (A. d.).
197. Fototeca Nacional del INAH (A. d.). Villa durante la rebelión orozquista en 1912.

Hemerografía

MÉXICO

El Demócrata, D.F.
El Diario, D.F.
El Dictamen, D.F.
El Imparcial, D.F.
El País, D.F.
El Universal, D.F.
La Semana Ilustrada, D.F.
Vida Nueva, Chihuahua

EUA

Chicago Daily Tribune
Collier's Weekly, New York
Edwardsville Intelligencer, Illinois
El Paso Herald, Texas
El Paso Morning Times
Harpers Weekly, New York
Leslie's Weekly, New York
Lincoln Daily News, Nevada

Los Angeles Times, Los Angeles, California
Middletown Daily Herald, New York
Nevada State Journal, Nevada
New York Herald Tribune
New York Times
New York World
Night Journal
Oakland Tribune, Oakland, California
Post Crescent, Wisconsin
Reno Evening Gazette, Nevada
Santa Fe New Mexican, New Mexico
Stevens Point Daily Journal, Wisconsin
The Bee, New York
The Constitution, Georgia
The Coshocton Tribune, Ohio
The Daily News, Maryland
The Daily Northwestern, Wisconsin
The Daily Picayune, New Orleans
The Fort Wayne Daily News, Indiana

The Fort Wayne Journal Gazette, Indiana
The Fort Wayne News, Indiana
The Fort Wayne Sentinel, Indiana
The Gettysburg Times, Pennsylvania
The Indiana Democrat, Pennsylvania
The Iowa Recorder
The Kingsport Times, Tennessee
The Lancaster Daily-Eagle, Ohio
The Lima Daily News, Ohio
The Lincoln Sunday Star, Nevada
The Moving Picture World, New York
The Newark Advocate, Ohio
The News
The Reel Life, New York
The Sandusky Star-Journal, Ohio
The Sun, New York
The Syracuse Herald, New York
The Washington Post
The World, New York
The World's Work
Wisconsin Rapids Daily Tribune

EUROPA

L'Illustration, París
Mundo Gráfico, España

Archivos Consultados

MÉXICO

Chihuahua

Archivo Histórico Municipal de Ciudad Juárez
Archivo personal de Rubén Osorio, Chihuahua
CIDECH
Colección de Cuadro por Cuadro, Ciudad Juárez
Colecciones Especiales de la Universidad Autónoma
de Ciudad Juárez
Museo Histórico de Ciudad Juárez

Ciudad de México

Archivo de Roque González Garza, Biblioteca de la
Universidad Panamericana
Archivo Toscano
CONDUMEX
Filmoteca de la UNAM

Hemeroteca Nacional
Módulo de consulta de la Fototeca Nacional

Pachuca

Fototeca Nacional de México

EUA

California

Natural History Museum of Los Angeles County
The Getty Research Institute, Los Angeles
University of California at Los Angeles
University of California at Riverside

Texas

Archivo fotográfico de Bertha Provencio
Cushing Memorial Library and Archives,
Texas A&M University
El Paso County Historical Society
El Paso Museum of History
El Paso Public Library
Harry Ransom Humanities Research Center,
University of Texas at Austin
McKinney Collection
Porter Henderson Library, Angelo State University
Special Collections, University of Texas at El Paso

Arizona

University of Arizona, Tucson

New York

Columbia University
New York Public Library
Schomburg Center for Research in Black Culture

Washington

Library of Congress

New Mexico

Fray Angélico Chávez History Library,
Palace of the Governors
University of Albuquerque

Francisco Villa; su secretario, Miguel Trillo; y su escolta, fueron asesinados en la ciudad de Parral el 20 de julio de 1923. Con ello terminaba la vida de uno de los personajes más controversiales y polémicos de la Revolución Mexicana. Con la muerte del general Villa su mito cobró mayor fuerza; eso propició que se siguiera propagando en muchos lugares de México y Estados Unidos, con una intensidad similar hasta nuestros días. Medio cuerpo del general Trillo colgando fuera del auto después del asesinato. Del lado del volante, con la cabeza hacia Trillo, vemos a Pancho Villa.

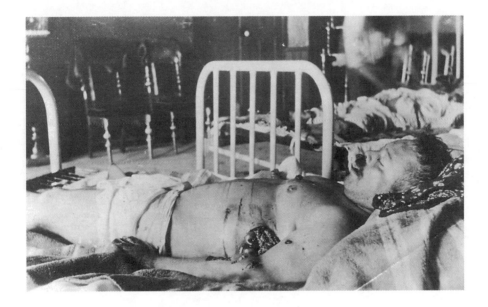

Varias investigaciones históricas apuntan a que el asesinato de Villa fue por razones políticas y que fue planeado por Plutarco Elías Calles y el General Joaquín Amaro con anuencia del presidente Álvaro Obregón. El cuerpo de Villa fue recibido y preparado para su entierro en el Hotel Hidalgo. 20 de julio de 1923.

Esta obra se imprimió y encuadernó
en el mes de mayo de 2013
en los talleres de Litográfica Ingramex, S.A. de C.V.,
que se localizan en la calle de Centeno 162-1,
colonia Granjas Esmeralda, México, D.F.

Para mí la guerra empezó desde que nací.

Pancho Villa

¡Estoy aquí en Juárez, pero nunca iré más al norte! México es mi patria y nunca saldré de ella. Aquí he vivido y aquí he luchado: aquí tengo que seguir luchando y aquí seguiré viviendo. Aquí tendré que morir...

Declaraciones hechas por Pancho Villa, el 8 de octubre de 1915, en Ciudad Juárez, a *El Paso Morning Times.*